후회 없는 20대를 위한 선배들의 조언
하고 싶은 건 다 해봐라

이승도 외 45인

SUN

| 책을 내며 |

멋진 미래를 꿈꾸는
후배들을 위한 책이 되기를

고등학교 3학년 말, 나는 방황하며 가출했다. 노량진에서 재수하던 중 동네 상인들과 다툼으로 인해 구속되면서 공부를 열심히 하겠다는 결심을 접고 낙향하기도 했다. 대학에 입학한 후에도 학과에 적응하지 못해 학점을 많이 잃었고, 한 학기를 더 등록하여 겨우 졸업할 수 있었다.

올림픽 특수로 경기가 좋아 삼성전자에 입사했지만, 몇 달 만에 퇴사했다. 미래에 대한 목표와 의욕이 없었고, 누구와도 나의 현재와 미래에 대해 진지하게 대화한 적이 없었다. 달리 할 수 있는 것이 없어 다시 취직했지만, 여전히 목표와 비전은 없었다. 다시 취직하면서 그동안 나 때문에 마음고생하신 부모님이 살아계시는 동안만이라도 회사를 그만두지 않겠다는 것이 유일한 목표였다. 황당하겠지만, 이것이 실제로 나 자신과의 약속이었다.

오래 다니려고 마음먹으니 회사에 애정을 갖고 주어진 일에 최선을 다하게 되었다. 근무하는 모든 부서에서 인정받았고 성과도 좋았다. 15개 부서를 경험했지만, 어디서나 빠르게 적응하며 즐겁게 일했다. 어려운 사업을 살려내기도 하고, 신규사업을 시작해 국내 최고로 만들기도 했으며, 포기했던 사업을 1등으로 만들기도 했다. 이를 통해 큰 성취감과 보람을 느낄 수 있었다.

오래전부터 후배들에게 관심을 갖고 있었다. 모교에는 나보다 훌륭하고 뛰어난 인재들이 많은데, 방향을 제대로 잡지 못하거나 정보가 부족해 나처럼 방황하는 후배들이 많다는 생각이 들었다. 나 같이 의욕과 목적 없이 생활한 사람도 직장생활을 하며 해당 분야의 경영자까지 올라갈 수 있었고, 소속된 거의 모든 모임에서 사랑받고 있는데, 후배들도 잘 멘토링하면 모두 훌륭한 사회인으로 성장할 수 있을 거라는 확신이 들었다.

그래서 모교 교수들을 설득해 '동문 특강' 프로그램을 만들었고, 기업에서 일하는 동문들이 매주 특강을 진행하도록 했다. 5년간 실시한 이 특강을 직접 운영했다. 코엑스 전자전에 초대하여 관람시켜 주기도 하고, 후배 5명에게 라스베이거스 CES 전시회 참관 비용을 전액 또는 일부 지원하기도 했다. 이런 활동들이 그들의 미래 준비에 중요한 경험이 되었을 것이다.

후배 육성의 또 다른 방법으로 동아리를 만들어 운영하기도 했다. 동아리실을 확보하고 냉장고, 에어컨을 설치했으며, 다양한 책들로 가득 채우고 충분한 운영비를 지원했다. 1년 만에 가장 큰 동아리로 성장했다. 자주 방문하여 후배들과 함께 정보통신 관련 책을 두 권 출간하기도 했다. 그들에게 큰 그림을 보게 하고, 다양한 시각으로 생각할 기회를 주었다.

  전자과 3~4학년을 대상으로 운영했는데, 처음 시작한 후배들이 이제는 법학박사가 되어 언론계에서 일하거나, 전공을 바꿔 의사가 되고, 미국 유학을 마치고 모교 전자과 교수로 부임하기도 했다. 또한 재무담당 임원으로 근무하며 전공과 전혀 다른 분야에서 근무하기도 하고 전공을 살려 삼성전자, LG전자, SKT 등에서 열심히 근무하고 있다. 다른 동기들과는 달리 특별한 이력을 가지고 멋지게 살아가고 있다. 나와의 인연이 그리 길지 않았지만, 선배와의 대화와 프로그램 진행 과정에서 그들이 많은 것을 느꼈다고 생각한다.

  최근에는 내가 진행한 취업특강을 계기로 후배들과의 만남이 이루어졌고 160여 명의 재학생을 초청하여 저녁 식사를 하며 대화를 나누었다. 수많은 질문을 받으며 의미 있는 시간을 보냈다. 그동안 많은 활동을 했지만, 재학생들은 졸업하면서 인연이 끊어지고 새로운 학생들이 들어오니 연속성이 없는 것이 안타까웠다. 그래서 영원히 유지될 수 있는 책을 펴내기로 했다.

  나만의 책이 아닌, 많은 선배들의 가장 의미 있는 경험을 하나씩 모아 후배들에게 들려주고 싶었다. 오랜 기간 직장생활을 했거나 사업을 하고 있는 선배들은 엄청난 경험을 가지고 있다. 이러한 경험들을 모아 후배들이 사회생활에서 겪을 수 있는 거의 모든 상황을 간접 경험할 수 있게 하고 싶었다.

  이 책은 취업이나 창업 등 사회에 첫발을 내딛는 후배들이 궁금한 점을 질문하고, 선배들이 저마다의 경험을 통해 터득한 노하우를 들려주는 방식으로 구성되었다. 후배들의 질문에 대한 선배들의 답이 명확하지 않을 수 있다. 하지만 크게 보면 사회생활하는데 필요한 처세술이나 일을 대하는 태도, 좋은 인간관계 맺는 법 등 인생을 살아가는 삶의 지혜가 가득하다. 이 책을 통해 후배들이 멋진 미래를 꿈꾸고, 시행착오를 최소화하면서 자신의 꿈을 펼쳐나가며 사회와 국가에 기여하기를 바라는 마음이다.

선배들이 사회에 첫발을 내딛는 후배들에게 조금이라도 도움을 준다면 더 살기 좋고 행복한 나라가 될 것이라는 확신하에 이번 책의 발간 프로젝트를 시작했다. 이 책이 많은 이들에게 긍정적인 영향을 미치기를 바라는 마음 간절하다. 프로젝트를 위해 흔쾌히 지원해 주신 도서출판 SUN 정선모 대표님과 45명의 선후배님에게 감사드린다.

2025년 새해에
이승도

| 추천사 |

후배들의 길을 밝혀주는
등대가 되기를

추교관(경북대학교 총동창회장)

　많은 동문과 재학생이 함께 책을 만드는 작업은 결코 쉽지 않은 과정이었을 것입니다. 이처럼 의미 있는 결실을 맺기까지 보여주신 열정과 노력에 깊은 찬사를 보냅니다.

　이 책을 통해 취업과 미래에 대한 불안을 안고 있는 재학생들의 진솔한 고민을 마주할 수 있었습니다. 6명의 재학생이 토로한 고민들은 비단 개인의 이야기를 넘어 오늘날 많은 청년들이 공감하는 시대적 과제일 것입니다. 40명의 선배들이 오랜 직장생활이나 창업에서 겪은 값진 경험들, 그중에서도 후배들에게 꼭 전하고 싶은 단 하나의 이야기는 사회에 첫발을 내딛는 후배들에게 무엇과도 바꿀 수 없는 소중한 교훈이자 간접 경험이 될 것입니다.

　이 책이 불확실한 미래 앞에서 방황하는 젊은이들에게 따뜻한 위로와 자신감을 전하고, 앞으로 나아갈 길을 밝히는 등대가 되리라 믿습니다. 재학생은 물론, 이미 직장생활을 시작한 후배들에게도 이 책이 새로운 통찰과 용기를 선사할 것이기에, 많은 분들이 일독하시기를 진심으로 추천합니다.

| 추천사 |

선배들의 경험과 지혜를 담은
소중한 나침반

임종식(경상북도 교육감)

《하고 싶은 건 다 해봐라》란 패기 넘치는 제목의 책을 받고, 한 장씩 넘기며 곱씹어 봅니다. 낭만적인 캠퍼스를 누비며 별처럼 수많은 꿈을 꾸고 있을 후배들도 상상해 보았습니다. 도산 안창호 선생을 멘토 삼아 교육자의 길을 걷게 된 저는 누군가가 인생의 방향을 안내해 준다는 것이 얼마나 큰 힘이 되는지 잘 알고 있습니다. 때론 "나만 따라와" 하고 길을 안내해 주는 스승이 있다면 얼마나 좋을까요?

하지만 여러분의 고민과 방황은 정말 소중한 것입니다. 괴테는 "인간은 노력하는 한 방황한다"라고 했습니다. 인생의 방향 설정부터 창업까지, 20대라면 누구나 고민할 법한 다양한 경험과 노하우를 담은 이 책은 길을 잃고 흔들릴 때, 노력하는 여러분의 나침반이 되어줄 것입니다. 오늘의 열정을 놓지 말고, 후회 없는 시간을 만들어 가시길 바랍니다.

20대는 그 자체로 빛나는 시간이며, 그 빛이 여러분과 우리 모두의 미래를 밝혀줄 것이라 믿습니다. 여러분 모두가 자신만의 멋진 이야기를 써 내려가길 응원하며 여러분들이 그려갈 세상을 기대하겠습니다. 인류애를 실천하기 위한 큰 포부로 멋진 인생 지침서를 세상에 내어 준 이승도 외 45명의 동문들에게도 깊은 고마움을 전합니다. 감사합니다.

| 추천사 |

선배들의 체험을 통해
후배들이 큰 꿈을 꾸기를

김창호(경북대학교 총동창회 명예회장)

《하고 싶은 건 다 해봐라》 출간을 축하합니다. 이 책은 40명의 졸업생 선배와 6명의 재학생 후배가 소통하며 쓴 책이기에 더욱 의미가 있습니다. 경북대학교 총동창회 사무총장을 역임했던 이승도 동문의 헌신적인 '모교 사랑, 후배 사랑'이 열매를 맺었기에 더욱 값지다는 생각이 듭니다.

살아가면서 "실패는 성공의 어머니"라는 말을 자주 합니다만, 도전해야 하는 순간에는 실패가 두려워서 시도 자체를 주저하는 경우가 많이 있습니다. 20대의 가장 큰 특권은 젊음이기에 마음먹기에 따라 무엇이든지 할 수 있습니다. "눈물 젖은 빵을 먹어보지 않은 사람은 인생을 논하지 말라"는 독일의 대문호 괴테의 시 구절처럼, 고난을 겪어보지 않은 사람은 삶을 깊이 이해할 수 없습니다. 동문 선배들의 진솔한 삶의 체험을 통해 후배들이 큰 꿈을 꾸기 바랍니다.

더욱이 경북대학교는 선비정신과 화랑정신의 DNA를 계승한 전통의 명문입니다. "복현인伏賢人 진리를 담아 세계로, 첨성인瞻星人 꿈을 담아 미래로!" 슬로건대로 이 책을 통해 선비정신의 기백과 화랑정신의 기상을 마음껏 펼치기를 기대합니다.

| 추천사 |

청춘을 위한 지침서이자
선배들의 값진 선물

이인숙(KNU22세기미래포럼 회장, 성남여고 교장)

이 책은 단순한 조언을 넘어, 20대를 살아가는 모든 이들에게 삶의 지혜와 방향을 제시하는 이정표입니다. 선배들의 다양한 경험은 그 자체로 소중한 삶의 조각들입니다. 어떤 이는 실패와 방황 속에서 배운 교훈을, 어떤 이는 성공과 도전을 통해 얻은 지혜를 이야기합니다. '실패를 두려워하지 말고 도전하라'는 메시지는 모든 20대가 마음에 새겨야 할 중요한 철학입니다. 특히 '하고 싶은 건 다 해보라'는 메시지는 단순한 행동 지침을 넘어서 젊은 날의 후회 없는 선택을 위해 용기를 내야 한다는 강력한 응원의 목소리입니다. "무엇을 해야 할지 모르겠다"는 후배들의 고민은 대부분의 청춘들이 직면하는 현실입니다. 이 책은 미래의 청춘들에게 길잡이가 되어 줄 구체적이고 현실적인 조언들로 가득합니다. 이 조언들은 단순히 머릿속에 그치는 것이 아니라, 행동으로 이어질 용기를 북돋워 줍니다. 무엇보다 선배들이 들려주는 진솔한 경험담으로 구성되어 있어 더 큰 감동을 줍니다. 이는 단지 과거의 이야기로 끝나는 것이 아니라, 후배들에게 '너도 할 수 있다'는 믿음을 심어줍니다. 20대를 준비하고, 현재를 살아가는 이들에게 이 책은 분명히 값진 선물이 될 것입니다.

|목차|

책을 내며 | 멋진 미래를 꿈꾸는 후배들을 위한 책이 되기를 | 이승도 • 2
추천사
   추교관(경북대학교 총동창회장) | 후배들의 길을 밝혀주는 등대가 되기를 • 6
   임종식(경상북도 교육감) | 선배들의 경험과 지혜를 담은 소중한 나침반 • 7
   김창호(경북대학교 총동창회 명예회장) | 선배들의 체험을 통해 후배들이 큰 꿈을 꾸기를 • 8
   이인숙(KNU22세기미래포럼 회장, 성남여고 교장) | 청춘을 위한 지침서이자 선배들의 값진 선물 • 9

• 1부 **미래 준비와 비전 수립**

박상현 | 가치관과 직업의 균형, 진로 변경에 대하여 • 17
고상래 | 직장은 선물이다 • 21
김형식 | 누가 인재인가? • 25
오유나 | 성공적인 직장생활의 열쇠 • 30
이윤화 | 꿈과 도전의 여정, 대학에서 글로벌 기업까지 • 34
이종근 | 나의 Next를 선언했다. 그리고 Chance가 찾아왔다 • 41
최형준 | 경계를 넘은 도전과 성장 – 공학도에서 글로벌 CFO로 • 47
한상철 | 내가 흔들리지 않으면 세상도 흔들리지 않는다 • 51

•2부 성공적인 직장생활을 위한 팁

사승협 | 대학생활과 진로에 대하여 • 57
김영학 | '주식회사 나'로 승부하라! • 60
류태섭 | 멈추지 않는 걸음, 성장의 진정한 비결 • 63
성종환 | 소명 의식으로 일하기 • 69
손종만 | 헛된 시간은 없다, 헛되게 보내는 시간이 있을 뿐이다 • 75
신진용 | 힘들어도 한번 해보자! • 81
오기원 | 앞으로 한 걸음이 아닌, 옆으로 두 걸음 • 86
이승도 | 신입사원 시절엔 하고 싶은 것 다 하라 • 90

•3부 네트워킹과 인맥 관리 방법

김병정 | 인간관계와 처세술에 대하여 • 97
강성광 | 직장과 인생의 균형 잡기 • 102
김귀동 | 인적 자산은 돈으로 살 수 없다 • 107
김성태 | 공정한 인사고과 • 111
김희철 | 약속의 중요성 • 116
이승도 | 인사의 힘, 성공적인 직장생활의 열쇠 • 120
임지산 | 선입견은 성공의 적 – 틀린 게 아니라 다른 것이다 • 124
최영환 | 직장생활에서 살아남는 '팔로우십' • 130

•4부 자기계발과 진로 탐색

권희도 | 힘들 때 도움을 구하는 방법과 극복 전략에 대하여 • 139
김정덕 | 학사장교의 길 – 개인의 성장과 국가 봉사의 조화 • 144
남성우 | 미래의 관점에서 본 오늘, 내일의 과거를 어떻게 살 것인가 • 148
박순석 | 생활에서 일어나는 스트레스, 감정조절법 • 152
박정대 | 일에 눌리지 않고 숨 쉬는 법 • 158
윤병국 | 20대에게 전하는 인생 투자의 비밀 • 163
이창섭 | 시련과 도전 그리고 열매 • 167
황현숙 | 창의성의 씨앗, 역경을 넘어 피어나는 인생의 꽃 • 172

•5부 창업과 취업, 시작의 기술

최정은 | 직장과 꿈 사이에서 균형을 잡으려면 • 179
김정도 | 푸시에서 통합메시지까지 – 개발자의 솔루션 사업 도전기 • 184
신기수 | 진로 선택, 잘하는 일과 좋아하는 일 사이에서 • 190
위현복 | 창업을 꿈꾸는 이들에게 • 194
정진동 | 장벽을 넘어서 전진하자 • 200
진유항 | 취업부터 창업까지의 도전과 극복 • 204
최희식 | 운명적인 만남이 나의 삶을 바꾸다 • 210
황길정 | 계획과 행동의 균형, 창업 경험에서 배우는 삶의 지혜 • 216

•6부 효과적인 커뮤니케이션 비법

이현서 | 도전과 안정 사이에서 자기 관리를 잘하려면 ◆ 223
김성제 | 공직생활에서 소통·창조·균형을 이끈 비결 ◆ 227
김연재 | 죽니 사니 해도 다 살아남았다 ◆ 233
이상홍 | 꼰대 선배의 라떼 이야기 ◆ 237
전병화 | 오늘을 붙잡아라 ◆ 241
정운진 | '민주주의 꽃'이라는 선거의 경험 ◆ 245
조만현 | 희망이 보약이다 ◆ 250

1부
미래 준비와 비전 수립

박상현 | 가치관과 직업의 균형, 진로 변경에 대하여

고상래 | 직장은 선물이다

김형식 | 누가 인재인가?

오유나 | 성공적인 직장생활의 열쇠

이윤화 | 꿈과 도전의 여정, 대학에서 글로벌 기업까지

이종근 | 나의 Next를 선언했다. 그리고 Chance가 찾아왔다

최형준 | 경계를 넘은 도전과 성장 - 공학도에서 글로벌 CFO로

한상철 | 내가 흔들리지 않으면 세상도 흔들리지 않는다

가치관과 직업의 균형, 진로 변경에 대하여

박상현(전자공학부 19학번)

저의 대학생활은 단순히 취업 준비하는 과정 그 이상의 의미를 가졌습니다. 청소년기에 하지 못했던 자아탐구의 시간이었고, 내가 무엇을 좋아하는지, 나는 어떤 사람인지, 타인과의 관계에서 어떤 사람인지에 대한 가치관을 확립하는 시간이었습니다. 학생이라는 신분으로 용인될 수 있었던 수많은 도전과 실패는 저에게 사회생활을 준비할 귀중한 기회를 제공했습니다.

2019년 경북대학교에 입학한 저는 입시로부터의 해방감에 군대 가기 전 대학교 1학년을 누구보다 후회 없이 보내고 싶었습니다. 다양한 경험과 도전하는 것을 목표로 삼았으며, 새로운 경험을 제안받으면 항상 '예스맨'으로 임했습니다. 밴드, 댄스, 코딩, 테니스 등 4개의 동아리에서 활동했으며 과 선후배들과도 활발하게 교류했습니다. 창업대회, 해커톤대회에 참여해 입상했고, 해외봉사와 대구시 청년정책위원으로도 활동하는 등 다양한 이해관계가 있는 집단에서 활동하면서 여러 사람과 상호작용을 통해 많은 실수도 하며 사회생활 경험을 쌓았습니다.

미군 부대에서 군 복무를 하며 새로운 환경에서 또 저의 식견을 넓히는 경험을 할 수 있었습니다. 훈련받으면서 가장 많이 한 생각은 가족의 소중함과 이제 부모님의 도움을 덜 받고 자립과 독립을 준비해야겠다는 다짐이었습니다. 선·후임들과 병영생활을 함께하고, 미군 및 군무원들과 근무한 경험 역시 사회생활과 일에 대한 가치를 확립하는 데 큰 도움이 되었습니다.

질문 하나, 전자공학 전공자로서 기술영업, 상품기획, 조직관리와 같은 문과적 성향의 직무로 전환을 고려하고 있는데, 이러한 진로 변경을 위해 어떤 준비와 역량 개발이 필요할까요?

2022년 전역 후 복학하여 전자공학도로서 최선을 다해 공부에 몰두했습니다. 이해하기 힘들었던 과목의 예습과 복습을 철저히 하고 시험 전에 밤을 새워가며 전공지식을 쌓았습니다. 하지만 공부할수록 항상 저보다 뛰어난 학생들이 있어 상대적 박탈감을 느끼기도 했고, '해당 전공으로 평생 연구하고 개발하며 살 수 있을까' 하는 막연한 답답함을 느꼈습니다. 이러한 고민은 제 진로 선택에 큰 영향을 미쳤습니다.

3학년 때는 단과대학 학생회장 선거에 출마해 간부들을 구성한 후 학생회를 시작했습니다. IT대학 학생회를 운영하면서 3,000명의 학생을 대표해 목소리를 내고 그들의 복지를 위해 힘쓴 경험은 저에게 학생 시절 가장 낭만적이고 청춘의 열정을 대변하는 활동이었습니다. 특히 1,000명의 학생과 1억 원 규모의 2박 3일 신입생 MT를 기획하고 운영한 것이 가장 기억에 남습니다. 코로나 시대 이후 처음 진행된 행사여서 어려움이 많았지만, 학생들이 즐겁게 시간을 보내는 모습을 보며 고생의 결실을 맺은 것 같아 큰 보람을 느꼈습니다.

이러한 학생회장 경험들은 제 진로와 미래에 대한 깊은 고민의 계기가 되었습니다. 저는 다수에게 행복을 주는 직업을 선택하고 싶다는 생각이 들었습니다. 따라서 전자공학의 전공지식을 활용해 반도체 관련 기술영업, 차량 상품기획, 혹은 회사 내 조직을 관리하는 직업을 꿈꾸게 되었습니다.

하지만 문과 성향이 짙은 직무들이었고, 준비한 스펙이 부족해서인지 서류전형에서 자주 탈락했습니다. 이러한 경험은 제게 큰 좌절감을 안겨주었지만, 동시에 제 강점과 약점을 더 명확히 인식하는 계기가 되었습니다.

시대적으로 전자공학적 인재가 필요하다는 의견이 많기에, 취업 확률을 높이기 위해 반도체 산업에서 연구개발 및 설계 직무 분야로 취업을 준비하고 있습니다. 이 과정에서 제 전공지식을 더욱 깊이 있게 공부하며, 관련 업계의 동향을 파악하고 실무 능력을 키우는 데 집중하고 있습니다.

질문 둘, 가치관과 현실적인 취업 사이에서 균형을 잡으려면 어떻게 해야 할까요?

저는 자아실현과 신념, 가치관을 지키며 사는 것이 중요하다고 생각합니다. 행복한 삶과 물질적 보상은 제가 생각하는 가치를 실현하는 데 필요한 도구라고 여깁니다. 또한 제가 속한 그룹과 조직에서 영향력을 발휘하고 의미 있는 사람으로 기억되고 싶습니다. 아직은 타인과의 관계 속에서 나의 존재감을 느끼며 소속감과 행복감을 찾지만, 언젠가는 이 굴레에서 벗어나거나 초연한 삶을 추구하는 것도 필요하다고 생각합니다.

이러한 가치관을 갖고 직업으로 이어나가는 것에 어려움을 느끼고 있습니다. 취업 확률을 높이기 위해 그것에 맞는 기업과 직무를 선택해야 하는 현실에 부딪혀 고민하고 있습니다. 이는 단순히 직업 선택의 문제를 넘어, 제 가치관과 현실 사이의 균형을 어떻게 잡을 것인가에 대한 더 큰 질문으로 이어집니다.

앞으로의 진로 선택에 있어, 제 가치관을 완전히 포기하지 않으면서도 현실적인 선택을 할 수 있는 방법을 모색하고 있습니다. 이를 위해 다양한 멘토링 프로그램에 참여하고, 관심 있는 분야의 선배들과 적극적으로 소통하며 조언을 구하고 있습니다. 또한 제 전공을 살리면서도 제가 추구하는 가치를 실현할 수 있는 새로운 기회나 그럴 수 있는 분야를 지속적으로 탐색하고 있습니다.

이를 위한 선배님들의 귀한 의견을 듣고 싶습니다.

직장은 선물이다

고상래(문헌정보학과 86학번)

출근 시간 1, 2분 전에 딱 맞춰서 출근하는 것으로 기성세대와 갈등을 겪는 MZ 세대를 많이 봤다. 출근 시간 최소 20~30분 전에 출근하는 것을 당연하게 생각하는 입장에서는 이해가 안 되는 부분이다. 일찍 출근해서 더 많은 일을 하면 손해를 본다고 생각하는 신입사원도 있다. 나는 이런 신입사원이 참 바보 같다고 생각한다.

학교나 학원은 돈을 내고 배우는 곳이지만, 직장은 내가 돈을 받으면서 일을 배울 수 있는 정말 멋진 곳이다. 달리 말하면, 아무것도 할 줄 모르는 신입사원에게 월급을 주면서 일을 가르쳐주는 직장에 감사해야 한다. 그 시절의 경험이 하나하나가 쌓이면 그것은 소중한 재산이 되는 것이다. 그 재산은 복리로 기하급수적으로 늘어나고 몸값도 따라서 증가한다. 직장생활의 연차가 올라가면 능력에 따라 같은 동료라도 연봉이 두 배 이상 차이 날 수 있다. 앞으로 평생 고용의 시대가 막을 내리면 연봉의 격차는 더욱 커질 것이다. 10년 뒤에 내 능력을 어느 회사가 사줄까? 하는 고민을 해야 한다. 지금 하는 작은 업무 하나하나가 나의 재산이 되는 것이다.

아침에 눈을 뜨면 출근 준비로 하루를 시작하고, 인생의 많은 부분을 직장에서 보낸다. 누군가에게 일은 즐거움이자 놀이가 되는 반면, 누군가에게 일은 고통이 된다. 이 차이는 학교에서 우등생과 열등생의 차이와 같다. 스스로 공부를 열심히 하는 학생에게 공부는 즐거운 것이 될 것이고, 어떻게 하면 공부를 덜할 수 있을까 연구하는 학생에게 공부는 괴로움일 것이다. 전통적인 관념에서는 일이란 돈을 벌기 위해 고생하는 것으로 여겨졌다. 정보화 사회를 지나면서 일은 개인의 정체성과 자아실현을 가져다주는 중요한 것이 되었다. 어떤 일을 하고 있는지가 그 사람이 어떤 사람인지를 보여주는 세상이 된 것이다.

최근 건강 수명의 연장으로, 70, 80세까지도 왕성하게 일을 하는 경우가 많다. 직장이 마라톤이라고 하면, 60세까지의 1차 레이스 이후에 2차 레이스를 펼쳐야 하는 시대가 시작되고 있다. 신입사원 시절에 일을 잘 배워두고 자기계발을 열심히 한 경우라면 마라톤이 즐거워진다. 두 번째 레이스는 더 가벼운 마음으로 즐길 수 있다. 그러나 처음부터 즐거운 일은 없다. 등산도 처음 30분이 제일 힘들다. 그러다가 일정 시점이 지나면 그때부터 경치도 보이고 대화도 나누며 즐기기 시작한다. 일도 마찬가지다. 일이 즐거운 것이 된다면 인생이 즐거운 것이다.

나는 한 직장에서 31년을 근무했다. 적성에 맞지 않는 일이었지만 열심히 일했다. 이제 퇴직하고, 두 번째 마라톤 레이스에 막 돌입했다. 기업에서 필요로 하는 고급 인재를 찾아 연결해 주는 헤드헌터 일을 하고 있는데, 이 일이 무척 즐겁다. 고급 인재를 찾아내는 것, 그 인재와 친분을 쌓는 것, 필요한 기업에 연결해 주는 것 모두 즐겁다. 직장 경험 31년 동안 업무를 능동적으로 수행한 것이 많은 도움이 되고 있다. 사서로 근무하면서 종이가 중심이던 도서관을 디지털 도서관으로 전환했고, 홈페이지 운영, 정보 검색, 정보 활용법 강의, 독서경영 등의 업무를 수행한 것이 두 번째 레이스를 달리는 데 많은 도움이 되고 있다.

마라톤을 끝까지 잘 뛰려면, 중간중간에 물도 마셔야 하고, 기분 전환도 해야 한다. 직장생활의 페이스 조절은 독서와 운동 이 두 가지가 핵심이다. 직장은 욕망의 집합체로 인간 삶의 바닥을 들여다보게 한다. 직장생활을 하다 보면 스스로 몰입되어 이게 전부라고 생각한다. 한 걸음 물러나 보면 작은 부분임에도 그 당시에는 그걸 잘 보지 못한다. 그때 도움이 된 것이 독서다. 독서를 통해 더 넓은 세상을 만났다. 책을 통해 보는 넓은 세상은, 아무리 큰 직장도 개미처럼 작게 보이게 한다. 책 속에는 영겁의 시간과 한계가 없는 사상과 기술이 있기 때문이다. 그다음 중요한 것은 운동이다. 운동할 시간이 없다고들 한다. 하지만, 10분, 20분만 시간을 내어도 충분한 운동이 가능하고 더 많은 에너지를 얻을 수 있다. 나는 회식하고 밤늦게 들어가는 날에도 잠시 시간을 내어 동네를 한 바퀴 뛰었다. 아이를 키울 때는 운동할 시간을 낼 수 없어 공놀이 등 아이와 놀아주는 것 자체가 운동이 되도록 했다.

주위의 친구들을 보면 퇴직 후 즐겁게 일하는 친구도 있고, 아무 일도 하지 않고 바람 빠진 풍선처럼 허송세월을 보내는 친구도 있다.

1차 마라톤 레이스를 마치고 2차 레이스를 시작한 나는 모든 것이 즐겁다. 1차 레이스가 의무였다면, 2차 레이스는 나를 위한 레이스이다. 내가 의욕 넘치는 상태를 유지하며 일을 즐길 수 있는 것은 마음과 몸을 잘 관리해 왔기 때문이다. 이를 가능하게 해주는 중요한 요소 두 가지가 독서와 운동이었다. 사회에 첫발을 내딛는 후배들이 직장생활이라는 소중한 기회를 값진 선물처럼 잘 활용하기를 바란다. 처음부터 큰 선물을 기대하기보다는 작은 단계들을 통해 자신의 능력을 키워가면서 큰 꿈을 이뤄가길 바란다.

현) ㈜휴먼포커스 상무이사, 영남대학교의료원 신용협동조합 부이사장, 영남대학교의료원 의학도서관 근무

누가 인재인가?

김형식(전자공학과 79학번)

대학 졸업 후 KAIST 진학에 실패하고 공군 장교로 3년 6개월을 복무한 뒤, 나는 명예심과 자부심으로 사회생활을 시작했다. 삼성SDS와 삼성 비서실 인력개발원, 한국철도공사 인재개발처장, 교육부 중앙교육연수원 전임교수 등 사기업, 공기업, 공직으로 변화하며 인재개발 분야에서 30여 년을 일했다. 이 경험을 바탕으로 '핵심인재'로 성장하고자 하는 후배들에게 조그마한 도움을 주고자 이 글을 적는다.

인재에는 네 가지 유형이 있다고 한다. 조직에 해만 끼치는 인재 人災, 그저 존재하며 월급만 축내는 인재 人在, 기업의 기둥이 되는 인재 人材, 그리고 기업에 돈을 벌어다 주는 인재 人財다. 나는 어떤 인재였을까? 인재가 되기 위해 IMF 직후 위기의식을 가지고 삼성 재직 중에 연세대 MBA를 야간으로 졸업했고, K대 산업시스템공학 박사 과정을 수료했으며, KAIST 정보보안 최고경영자과정을 수료했다.

누구나 인생 최고의 순간이 있다. 하루하루를 성실하게 살아가다 보면 멋진 미래가 기대된다. 내 인생에서도 최고의 순간이 있었다. 그것은 인재 양성의 요람인 삼성 비서실 인력개발원과 삼성정보기술아카데미에서 인재개발에 헌신할 때였다. 인터넷과 정보기술의 중요성이 부각되는 시기에 삼성SDS에 입사했고, 삼성이 전략적으로 설립한 삼성정보기술아카데미(SITEC)를 설립하여 삼성그룹 모든 임직원이 WP, 엑셀, 파워포인트를 직접 활용할 수 있도록 교육하고, 기술자들에게 IT 기술로 무장하여 오늘날 삼성그룹이 글로벌 회사로 발전하는 데 기여했다는 사실은 아직도 나의 자부심이 되고 있다.

학부에서 전공의 선택과 발전 가능한 기업의 선택, 적성에 맞는 직무의 선택이 입사 초기에 중요하다. 나는 정보기술자보다 인재를 개발하는 일에 관심을 가지고 HR 분야에서 지속적인 업무 전문성을 확보했기에 잘 적응할 수 있었다. 전자공학과 동기 800여 명 중 자신의 전공을 전혀 무시할 정도로 다른 영역으로 진출한 친구들도 있고, 중등이나 대학교에서 교사나 교수로 진출한 친구도 수백 명이나 된다. 교사나 교수는 아니지만, 기업에서도 인재개발(HRD) 분야에서 타인의 역량을 개발하는 데 봉사와 헌신을 하는 조력자라고 생각하는 행복한 시절을 보낼 수 있게 되었다.

그러나 교육 담당의 리스크는 교만에 있다. 많은 지식을 깊이 없이 넓게만 알고, 교육 대상자들의 직급도 다양하다 보니 전문가나 선배들에게 교만하게 보일 때가 많다. 비서실에서 교육과장으로 근무하면서 많은 정보를 가지다 보니 관계사 부장이나 임원 등 선배들을 존중하지 않으면 낭패를 보기가 쉽다. 그래서 성현들이 젊었을 때 출세하는 것을 조심하라고 했나 보다.

　삼성에서 일찍 부장이 되었지만 지원 분야인 인사 분야의 임원은 한정적이었고, 내 동기가 그 자리를 차지한 순간 나는 삼성을 떠날 결심을 했다. 철도공사에서 HRD를 총괄하는 인재개발처장 전직의 기회가 왔다. 22년간 로열티를 가졌지만 조직이 나를 인정하지 않는다고 생각하고, 과감하게 이직하여 유라시아 철도의 비전을 품고 노조가 강한 공기업으로 특채되었다. 특정 학교 선후배가 지배하는 철밥통 기업문화를 바꾸기는 쉽지 않았지만, 관리자 교육을 혁신하고 Best HRD 기업으로 인증받는 등 나름대로 노력했다. 하지만 새로운 기업에 정착하는 것이 만만하지는 않았다.

　기업을 이직할 때는 요즘 MZ 세대의 경우 연봉 등 경제적인 요인이 많지만, 관리직으로 갈수록 조직의 인정 여부가 중요하다. 가능하면 현재 조직에서 최선을 다하며 승부를 보는 것이 현명하다. 만일 이직할 기회가 있다면 선배의 조언과 갈 기업에 근무하는 지인을 만나서 충분히 검토하는 것이 좋다. 이직 시 받는 스트레스가 사별이나 이혼의 스트레스 다음이라 하니 이직은 결혼만큼 알아보고 결정하는 것이 현명하다.

　이러한 HRD의 경력으로 50이 넘어 교육부 고위공무원으로 갈 기회를 잡았다. 장학사나 교장, 교감을 교육하는 중앙교육연수원의 전임교수가 되었다. 강의와 교육생 지도, 평가와 지방교육연수원 자문 등 내 인생에서 가장 큰 존중과 존경을 받았다. 5년간 삼성에서 배운 인재 양성(HRD)의 경험과 미래 세상의 변화, IT를 중심으로 4차 산업혁명 시대를 대비한 미래 교육의 변화와 혁신 방향을 중등교육을 책임지는 교육공무원들에게 강조하여 '대한민국 명강사' 대상을 받으며 기업과 대학, 초중고 학생과 학부모 강사로 초빙받아 인생 최고의 시기를 보냈다.

내가 능력이 있고 강의를 잘해서가 아니라, 교육부 중앙교육연수원에서 교육받은 교육생으로 오신 분들이 추천해 주신 덕분이었다. 역시 모든 비즈니스는 인간관계와 인맥이 시작이며 끝이다. 매 순간 만나는 동문 선후배와 군대 동기, 기업의 동료들에게 선함으로 봉사하고 베풂으로 인생을 살다 보면 그것이 다시 내게로 돌아오게 된다.

인생을 살아오면서 반성하는 몇 가지가 있다. 조직원으로 있으면서 조직에 대립하거나 불평하지 말라는 것이다. "절이 싫으면 중이 떠나야 한다"라는 말처럼 자기가 현재 소속된 조직이나 졸업한 학교는 자부심을 가지고 사랑하고 만족해야 한다. 불평과 창의적 개선사항을 잘 구분하여 만족하면서도 끊임없이 조직의 발전이 되는 개선 아이디어를 제시하는 현명한 사람이 된다면 조직에서 반드시 성공하는 인재가 될 것이다.

마지막으로 후배들에게 부탁하고 싶은 것은 '도전, 감사, 건강'이다. 불가능할 정도의 목표를 가지고 도전하면 이루어진다. 늘 교만하지 않고 감사하면 옆에서 누군가 도와준다. 건강은 젊을 때 유지해야 좋은 세상에 행복하게 노후를 보장받을 수 있다. 누군가에게 꼭 필요한 인재人財가 되기 바란다.

인생에 세 가지 중요한 '금'이 있다고 말한다. '소금, 황금, 지금'이다. 후회되는 순간은 늘 과거다. 과거를 돌아보면, 더 잘할 수 있었던 것들이 떠오르기 마련이다. 그러나 과거에 집착하지 않고, 미래를 향해 나아가야 한다. 그것은 현재에 충실하면 가능한 일이다. 미래 인재가 되기 위하여 현재 충실하게 살아가며, 다양한 경험을 쌓고, 새로운 것을 시도해 보는 것이 중요하다. 이렇게 노력하다 보면, 조직이나 사회의 핵심인재가 되고, 성공적인 인생을 살아갈 수 있을 것을 확신한다.

현) 한국경제인협회 중소기업자문위원, 전) 교육부 중앙교육연수원 교수, 코레일/삼성인력개발원, 삼성SDS HRD 전문가

성공적인 직장생활의 열쇠

오유나(금속공학과 94학번)

우리는 빠르게 변화하는 세상 속에서 살아가고 있다. 특히 IT 업계에서는 새로운 기술과 트렌드가 순식간에 나타나고 사라지기도 한다. 이러한 환경에서 전문가로 살아남기 위해서는 끊임없이 학습하고 성장해야 한다. 많은 직장인들이 "언제까지 자기계발을 해야 하는 걸까?" 또는 "어디까지 나는 성장할 수 있을까?"라는 질문을 자신에게 던지곤 한다. 이에 대한 답은 간단하다. 자기계발은 일시적인 목표가 아니라 우리가 살아있는 동안 지속해야 한다는 것이다.

자기계발을 멈추지 않기

IT업계에서는 새로운 기술과 트렌드가 순식간에 나타나고 사라지기도 한다. 이런 환경 속에서 전문가로 살아남기 위해서는 끊임없이 트렌드를 읽고 고정관념을 버리며 유연하게 배우고 성장해야 한다.

하지만 꾸준한 자기계발은 결코 쉬운 일이 아니다. 성과가 매번 나타나는 것도 아니고, 배움이 쉽지만도 않아 때로는 지치기도 하고, 모든 것이 벅차게 느껴질 때도 있을 것이다. 이럴 때는 어제의 자기 자신과 비교해서 오늘 한 발짝 나아졌는지만 생각하면 된다.

우리는 흔히 타인과 자신을 비교하게 된다. 다른 사람들은 나보다 더 빨리 성장하는 것 같고, 나는 제자리에 있는 것처럼 느껴질 수 있다. 그러나 진정으로 중요한 것은 어제의 나와 오늘의 나를 비교하는 것이다. 어제의 나보다 오늘의 내가 조금이라도 나아졌다면, 그것은 충분히 의미 있는 발전이다. 그리고 그런 작은 발전들이 쌓여서 결국 큰 변화를 이끌어낸다.

지치지 않고 계속 나아가기

꾸준한 자기계발은 지치는 과정일 수 있다. 그러나 진정으로 원하는 목표라면 결국 이룰 수 있을 것이다. 목표에 도달하기 위한 작은 성공을 하나둘 이룰 때마다 스스로를 격려하고, "참 잘했어!"라고 칭찬하면 된다.

이런 작은 성공들이 쌓이면 자신감이 생기고, 새로운 일에 도전할 용기도 생긴다. 가끔 지칠 때는 잠시 멈춰서 쉬어도 괜찮다. 휴식으로 충전하는 것도 성장의 중요한 요소이기 때문이다.

나만의 시간을 갖기

직장생활을 하다 보면 사람들과의 관계에서 지치고, 타인의 말이나 의견에 휘둘리게 되는 경우가 종종 있다. 그런 순간이 찾아올 때, 세상과의 소통을 잠시 멈추고 '나만의 시간'을 가지는 것이 중요하다.

우리는 자신도 모르게 타인의 기대나 기준에 맞춰 살아가고 있다. 주변에서 들려오는 다양한 목소리들 속에서 내가 하고자 하는 것이 맞는지, 내가 제대로 가고 있는지 혼란스러워지기도 한다. 이럴 때일수록 진정 내가 원하는 것이 무엇인지 다시 확인하고 그 길을 흔들림 없이 가기 위해서는 사람들과의 관계에서 잠시 벗어나 나만의 시간을 가지고 나의 내면을 잘 살펴볼 필요가 있다. 이 시간 동안 나 자신을 돌아보고, 어떤 일에 가치를 두고 있는지를 깊이 생각해 보아야 한다. 이를 통해 추구하는 목표와 가치를 명확히 정리할 수 있을 것이다.

나의 기준으로 살아가기

많은 사람들이 자신이 무엇을 진정으로 원하는지 알지 못한 채, 그저 익숙함에 따라 타인의 기준에 맞춰 하루하루 살아가곤 한다. 그러나 그런 삶보다는 자신의 기준과 가치를 분명히 하고, 그것을 바탕으로 하루하루를 살아가는 것이 더 의미 있는 삶일 것이다.

어떻게 해야 나로서 살아갈 수 있을까? 나만의 중심을 잡는 방법으로 책 읽기를 추천한다. 책을 통해 나의 마인드, 태도, 가치관을 찾아갈 수 있다. 책 읽기로 내가 살아온 날을 뒤돌아보고 미래를 설계할 수 있다. 책이 내가 가야 할 방향을 나에게 안내해 줄 것이다.

자기계발은 평생의 과제다. 우리가 살아있는 한, 우리는 계속해서 배우고 성장해야 한다. 이는 단순히 직장에서의 성공을 위해서만이 아니라, 더 풍요롭고 의미 있는 삶을 살기 위해서다.

새로운 기술을 배우고, 다양한 경험을 쌓으며, 끊임없이 자신의 한계에 도전하는 것. 이것이 바로 자기계발의 본질이다. 이 과정에서 때로는 실패할 수도 있고, 좌절할 수도 있다. 하지만 그런 경험들 또한 우리를 더 강하고 지혜롭게 만들어준다.

직장생활은 단순히 돈을 벌기 위한 수단이 아니다. 그것은 우리 자신을 발견하고, 성장시키며, 더 나은 사람이 되어가는 과정이다. 끊임없는 자기계발을 통해 우리는 전문성을 높이는 동시에 더 성숙한 인간으로 성장할 수 있다.

후배들도 끊임없이 자기계발을 이어가며 직장생활에서 성공하기를 바란다. 그 과정에서 때로는 힘들고 지칠 수 있겠지만, 그럴 때마다 내면의 소리에 귀 기울이고 자신만의 가치와 기준을 잃지 않기를 바란다.

우리 모두 각자의 길을 걸어가고 있지만, 결국 우리는 같은 목표를 향해 나아가고 있다. 그 목표는 바로 더 발전된 자신, 더 좋은 세상을 만드는 것이다. 이 여정에서 서로를 격려하고 응원하며, 함께 성장해 나가길 바란다.

현) ㈜리소프트 대표이사 - 모바일 어플리케이션 개발 및 AI 기능 구현
전) ㈜플래시21 이사

꿈과 도전의 여정
대학에서 글로벌 기업까지

이윤화(경제학과 80학번)

나도 한때는 꿈 많고 고민 많은 학생이었다. 돌이켜보면, 내 인생의 첫 큰 갈림길은 대학 선택이었다. 고등학교 3학년, 진학 상담에서 선생님은 내게 서울대 사범대와 경북대 상경대를 추천하셨다. 연세대나 고려대도 고려해 보라고 하셨지만, 솔직히 말해서 그때의 나는 겁이 났다. 우리 집에서 대학에 가는 건 내가 첫 사례였고, 조언해 줄 사람이 아무도 없었다. 부모님의 얼굴을 떠올리면 등록금이 비싼 서울 사립대로 가는 건 엄두도 내지 못했다. 결국 집에서 통학할 수 있는 경북대 상경대를 선택했다.

어찌 되었든 대학에 합격하자 과외를 부탁하는 사람이 꽤 많았다. 1학년 여름 방학 무렵 개인과외 금지조치가 나올 때까지 상반기 동안 꽤 짭짤한 수입을 올려 집에 전화도 놓고, 냉장고도 샀다. 공부하니까 돈 번다고 다들 좋아했다. 그렇지만 과외를 금지한 건 잘한 일이라고 생각한다. 나도 그랬지만 가난한 고등학생에게는 부당한 차별을 주는, 일종의 반칙이라고 생각했기 때문이다.

1학년을 마친 2월경, 마음 한켠에 아쉬움이 남아있던 차에 연세대 2학년 편입시험이 있다고 해서 찾아갔다. 원서 접수 시 1학년 수료증이 첨부되어야 한다는데 1학년 수료증은 3월 1일부터 발급이 가능했다. 갈길이 바쁜데 1년을 손해 볼 수는 없었다. 당시 경북대에는 나와 비슷한 생각을 하던 사람들이 꽤 많았던 듯하다.

대학 2학년 때는 정신없이 바빴다. 경제사상연구회에 들어가 밤새 토론하고, 영어 스터디 동아리에서 회화 실력을 키웠다. 주말에는 성당에서 주일학교 교사로 봉사했다. 지금 생각해 보면 참 열정 넘치는 시절이었다. 다양한 활동을 통해 세상을 보는 눈이 넓어졌고, 사람들과 소통하는 법을 배웠다.

3학년부터 고시 공부를 시작하겠다고 결심했지만, 졸업을 앞둔 4학년 때는 진로 고민으로 힘들어했다. 이는 흔히 '대4병'이라 불리는 현상으로, 대학 입시를 앞둔 고등학교 3학년 학생들이 겪는 '고3병'에 버금가는 스트레스와 불안을 경험했다.

진로에 대해 한층 더 깊이 고민한 끝에, 나는 자신의 판단으로 삼성에 취직했다. 석사 학위가 있으면 인생이 더 나아질 것 같아 외국어대학교 대학원 경제학과 야간과정에 등록하며 욕심을 부렸지만, 이는 현실적으로 불가능한 일이었다. 당시 삼성을 비롯한 대기업들은 매일 야근이 일상화된 강행군의 시대였기 때문이다.

첫 직장인 삼성의 면접장에 들어섰을 때의 긴장감은 아직도 생생하다. "왜 삼성에 지원했습니까?"라는 첫 질문에 나도 모르게 튀어나온 대답. "그냥 좋아서요. 대구에 살아서인지 다른 회사보다 느낌이 좋다"고 했더니 면접관들이 웃었다. 안경을 썼는데 눈이 나빠서 일할 수 있겠냐는 돌발 질문에 "4학년 때 군 신체검사에서 안경 썼다고 2급 받았지만 현역 판정을 받았는데 회사일 못 하겠느냐"고 했더니 또 다들 웃었다. 지금 생각해 보면 그 솔직함이 오히려 좋게 작용했던 듯하다.

입사 후 인사과장이 동향이라고 나의 뜻도 모르고 인사과로 발령 내었으나 얼마 후 입대했고, 복직 후에는 기술도입 업무를 거쳐 INTEL팀으로 갔다. 영어 실력이 부족해 고생도 많이 했지만, 그만큼 빠르게 성장할 수 있었다. '나도 첨단 기술의 현장에 섰구나' 하는 자부심이 들기도 했다. 그러나 기술의 발전 속도는 내 학습 속도를 훨씬 뛰어넘는다는 것을 알게 되었다. 그때부터 '평생 학습'의 중요성을 뼈저리게 느꼈다.

수출업무를 맡게 되면서 서울 본사로 옮겨 태평로 삼성 본관에서 근무하게 되어 자부심도 컸다. 하지만 곧 깨달았다. 진정한 성공은 겉모습이 아니라 내면의 성장에 있다는 것을. 화려한 사무실에서 일한다고 해서 더 나은 사람이 되는 건 아니었다. IBM, APPLE같은 대형 거래선에 우리가 만든 메모리 제품들을 수출하기 위해서 동분서주했고, 미국 유럽 일본 등등 웬만한 선진국은 다 다녔다. 근무 10년 차, 미국 지역 전문가로 선발되어 1년간 미국에서 공부하며 생활하게 되었다. 그때가 내 인생에서 가장 빛났던 시간이었다. 샌프란시스코, 오스틴 등을 돌아다니며 다양한 사람들을 만나고, 새로운 문화를 경험했다. 처음에는 언어 장벽에 부딪혀 좌절도 많이 했다. 하지만 점차 적응해가면서 세상을 보는 눈이 넓어졌다.

그러던 중, 미국 내에 대규모의 반도체 공장을 설립하는 프로젝트에 참여하게 되었다. 처음에는 불안감도 컸지만 점차 적응해가면서 자신감도 생겼다. 심지어 당시 텍사스 주지사였던 조지 부시와 만나 기념사진을 찍는 기회도 있었다. 그때 느꼈다. '도전하지 않았다면 이런 경험은 절대 할 수 없었을 거야.'

미국에서의 시간은 빠르게 지나갔다. 1년의 연수 기간이 끝나갈 무렵, 미국 지점에서는 내가 계속 있어 주기를 바랐다. 하지만 나는 한국으로 돌아가기로 결심했다. 1년 동안 가족과 떨어져 지내면서 가족과 고국의 소중함을 새삼 깨달았기 때문이다. 귀국 비행기를 타면서 생각했다. '이제 다시 시작이다.'

그 후 나는 LCD 영업팀 그룹장으로 발령받았는데 새로운 분야였고 책임도 커서 처음에는 정말 힘들었다. LCD 샘플을 들고 이 나라 저 나라, 이 회사 저 회사를 돌아다니며 판촉을 하고, 때로는 품질 불량으로 인한 클레임 처리로 밤을 새우기도 했다. 실적이 저조하면 주재원이나 심지어 현지인도 질책해야 하는 자리여서 쉽지는 않았지만 그 과정에서 또 한 번 성장할 수 있었다. 기술에 대한 이해, 고객과의 소통 능력, 문제 해결 능력 등을 키울 수 있었다.

인생을 돌이켜보면, 내 삶은 끊임없는 도전과 학습의 연속이었다. 대학 시절의 열정, 첫 직장에서의 설렘, 해외 근무에서의 성장, 새로운 분야에 대한 도전 등 모든 경험이 지금의 나를 만들었다. 때로는 좌절도 했고, 포기하고 싶을 때도 있었다. 하지만 그때마다 한 걸음 더 나아갔고, 그것이 결국 성장으로 이어졌다.

대학 시절, 나는 단순히 좋은 학점을 받는 것에만 집중하지 않았다.

동아리 활동, 봉사 활동, 인턴십 등 다양한 경험을 쌓으려 노력했다. 이런 경험들이 나중에 사회에 나갔을 때 큰 도움이 되리라 믿었기 때문이다. 특히 외국어 실력을 키우는 데 많은 시간을 투자했다. 글로벌 시대에 언어는 필수적인 도구라는 것을 일찍 깨달았기 때문이다.

면접에서는 솔직하고 자신감 있게 답변했다. 지금 생각해 보면, 완벽한 답변보다는 그 진정성이 더 중요했던 것 같다.

직장생활을 시작했을 때는 많은 것이 낯설고 어려웠다. 하지만 두려워하지 않았다. 모든 시작은 그렇다는 것을 알고 있었기 때문이다. 열심히 일하고, 끊임없이 배우려는 자세를 가졌다. 선배들에게 배우는 것을 부끄러워하지 않았고, 동료들과의 관계도 소중히 여겼다. 직장생활에서 인간관계가 얼마나 중요한지 깨달았기 때문이다.

새로운 기회가 왔을 때, 특히 해외 파견의 기회가 왔을 때 나는 망설이지 않고 도전했다 그곳에서 얻은 경험과 시야는 그 어떤 것으로도 대체할 수 없는 값진 자산이 되었다. 이 경험은 내 인생의 큰 전환점이 되었다.

시간이 흘러 리더의 위치에 오르게 되었을 때, 나는 항상 겸손한 자세를 잃지 않으려 노력했다. 높은 자리에 올랐다고 해서 모든 것을 다 아는 것은 아니라는 것을 잘 알고 있었기 때문이다. 오히려 더 많이 배워야 한다는 책임감을 느꼈다.

일과 삶의 균형을 유지하는 것의 중요성도 깨달았다. 한때 '월화수목금금금'이라 불리는 강행군의 시대를 겪었지만, 지금 생각해 보면 그때 가족과 보내는 시간이 더 많았더라면 좋았을 거란 아쉬움도 든다. 열심히 일하되 가족과 친구들과의 시간도 소중히 여기는 것이 중요하다는 것을 깨달았다.

세상은 빠르게 변하고 있다. 특히 기술의 발전 속도는 상상을 초월한다. 내가 처음 반도체 업계에 들어왔을 때와 지금의 기술은 비교할 수 없을 정도로 발전했다. 이러한 변화 속에서 살아남기 위해, 나는 항상 새로운 것을 배우려는 자세를 가졌다. 이것이 빠르게 변화하는 세상에서 살아남는 비결이라고 믿는다.

성공을 향한 욕심은 좋지만, 그것에 지나치게 얽매이지 않으려 노력했다. 처음 서울 본사에서 일하게 되었을 때, 그저 그 사실만으로도 성공했다고 생각했다. 하지만 시간이 지나면서 깨달았다. 진정한 성공은 남들의 시선이 아닌, 자신의 성장과 만족에 있다는 것을.

나 역시 수많은 실패를 겪었다. 메모리 제품이나 LCD 영업을 처음 시작했을 때는 거절도 많이 당했다. 하지만 그 과정에서 배운 것들이 결국 지금의 나로 이끌었다. 실패는 성공을 향한 징검다리라는 것을 경험을 통해 깨달았다.

항상 감사하는 마음을 가지려 노력했다. 지금의 나를 있게 한 것은 나 혼자만의 노력이 아니었다. 부모님의 사랑, 선생님들의 가르침, 동료들의 도움, 그리고 후배들의 신뢰가 있었기에 가능했다. 이러한 감사하는 마음이 나를 더 겸손하게 만들고, 더 나은 사람으로 성장하게 했다고 믿는다.

돌이켜보면 참 많은 일이 있었다. 기쁨도 있었고, 슬픔도 있었다. 성공도 있었고 실패도 있었다. 하지만 그 모든 것이 지금의 나를 만들었다. 그리고 나는 이 모든 여정에 깊은 감사를 느낀다. 앞으로도 많은 도전과 기회가 있을 것이다. 그 과정이 때로는 힘들고 지칠 수도 있겠지만, 이제는 알고 있다. 모든 경험이 나를 성장시키고, 더 나은 사람으로 만들어가리라는 것을. 나는 이 여정을 계속해서 즐기며 나아갈 것이다.

40년 직장생활 은퇴, 월간《시사문단》에 '상수리나무'로, 계간《문학의 봄》에 'AF강아지'로 등단

나의 Next를 선언했다
그리고 Chance가 찾아왔다

이종근(전자전기컴퓨터학부 96학번)

18년 SK에서 일하다 이제 독립한 지 3년 차. '아직은 성공한 선배라고 할 수 없는 내가 후배들에게 어떤 이야기를 들려주면 좋을까?'라는 질문에 가장 먼저 떠오른 게 대학교 때 친구에게 이야기했던 "난 내년쯤 어학연수를 가려고…"라는 말이었다. 이 말은 복학 후 어려운 전공 공부 등으로 방황하던 시기에, '친구에게 말하면 부끄러워서라도 어떻게든 실천하겠지'라는 막연한 생각으로 했던 말이었다. 이 말 덕분인지 난 정말 다음해에 1년 동안 영국으로 어학연수를 다녀오게 되었고, 이는 내 삶에서 작지 않은 전환점이 되었다.

이렇게 Next를 선언할 때 일어나는 긍정적 변화를 경험한 이후 나는 하고 싶은 일이 생기면 주위 사람들에게 선언하듯 이야기하는 습관이 생겼고, 그 이후 20여 년간 나의 삶에 크고 작은 변화를 만들어 낼 수 있었다. 말을 내뱉었으니 사람이 우스워지지 않으려면 실천해야 한다는 것을 이용한 것이었는데, 무엇보다 긍정적인 것은 이러한 나의 Next 선언과 실천 이후 예상하지 못했던 새로운 Chance가 많이 찾아왔던 것이었다.

앞서 언급한 어학연수가 효과를 경험한 나의 첫 번째 Next 선언이었는데, 그 이후 찾아온 Chance는 어찌 보면 더 유의미한 것들이었다. 어학연수를 계획하던 당시 그냥 영어만 배우는 것으로 1년을 보내긴 아까워서 현지에서의 경험을 공유하는 개인 사이트(블로그와 비슷)를 계획했다. 디지털카메라(디카)가 흔치 않던 시기에 디씨인사이드에 요청해서 협찬받은 디카로 영국에서의 어학연수 생활과 유럽 배낭 여행기를 나름 열심히 찍고 글을 올렸더니 Google 검색 2위까지 기록할 정도로 인기를 얻었다. 이는 우물 안 개구리 콤플렉스에서 벗어나는 데 도움도 되었고, 전공 외에도 길이 있을 수 있겠다는 막연한 자신감을 주기도 했다. 게다가 어학연수 중 취득한 어학 성적 덕분에 이후 국비 지원 해외연수에 선발되는 Chance를 얻어 보스턴대학교로 1학기 동안 연수도 다녀올 수 있었고, 마지막 여름방학엔 중국 연변으로 봉사활동을 다녀올 수 있었다. 이런 경험들이 나름 알찬 이력이 되었기에 2005년에 종합상사인 SK네트웍스에 입사하는 Chance를 얻을 수 있었다.

입사 이후 가장 오래 지속된 나의 Next 선언은 회사에서 신규사업을 하겠다는 것이었다. 당시 SK네트웍스는 무척 다이내믹한 회사였는데 휴대폰 유통, 주유소, 패션, 수입차 유통, 자동차 정비, 호텔 등 정말 다양한 사업군으로 구성된 흡사 중견그룹 같았다. 각 사업부들이 기존 캐시카우를 바탕으로 국내외에서 다양한 신규사업을 경쟁적으로 벌였다. 난 회사의 핵심 캐시카우인 휴대폰 유통사업을 하던 정보통신사업부 부산지사로 첫 발령을 받았지만 자연스럽게 신규사업에 대한 갈망이 커졌고, 3년 차쯤부터는 신규사업을 하겠다고 나의 Next로 이야기하기 시작했다. 그러던 차에 5년 차가 되어 새로 만들어진 사업부의 스탭으로 선발되어 본사로 이동했고, 다음해에 사업부의 신규사업 TF 1호 멤버로 선발되었는데 이후 회사 생활의 대부분을 신규사업과 관련된 일들로 채우게 되었다.

나의 첫 번째 신규사업이었던 신개념 IT 스토어 기획 TF는 이후 컨시어지라는 이름의 IT 스토어를 오픈하게 되었는데, 난 어떤 상품들을 팔지 구성하는 일(MD)을 담당하다 이후엔 PB 상품 기획까지 맡게 되었다. 하지만 부족한 경험 탓인지 열정적으로 준비했던 PB 상품 기획안은 중간에 프로페셔널한 디자이너를 보강했음에도 채택되지 못했고, 서울대 디자인학부 교수에게 기획 프로젝트가 넘어가게 되었다. 그래도 휴대폰 케이스, 액정보호필름을 비롯한 다양한 IT 액세서리 상품을 직·간접적으로 출시하면서 실무를 경험할 수 있었고, 추가로 컨시어지에 런칭할 유명 해외 브랜드의 총판권을 소싱하는 일도 겸하게 되었다. 그 덕에 이후 계열사와의 사업 정리 과정에서 컨시어지를 포함한 전체 사업이 정리되었지만, 난 IT 기기 총판사업을 전문으로 하는 팀으로 이동하게 되었고 자연스럽게 두 번째 신규사업을 시작하게 되었다.

IT 기기 총판사업에서 맡은 첫 번째 아이템은 시작한 지 얼마 되지 않았던 Monster라는 음향 브랜드였다. 당시 Monster는 잘나가던 회사로 요구 수준이 상당히 높았는데, 몬스터코리아 지사장은 직전에 CJ에서 Beats by Dr. Dre를 국내에서 크게 성공시켰던 분으로 브랜딩, 마케팅, 채널 관리 등 디테일하게 챙겨야 하는 많은 것들을 속성으로 배울 수 있었다. 당시엔 스트레스가 상당했지만 이 경험은 훌륭한 자양분이 되었고, 이후 담당했던 구글 하드웨어 총판사업에서 꽃을 피워 구글 크롬캐스트를 성공적으로 런칭시킴으로 나의 가장 빛나는 경력을 만들 수도 있었다.

구글 크롬캐스트 총판을 담당하는 동안 국내에서 영향력 있는 온·오프라인 채널들을 모두 직접 거래할 수 있었고, 유통시장에서 잘 나가는 선수들에게 많이 배우는 기회가 되었다. 특히 온라인 유통망에 대해 이해도가 높아졌는데, 이는 나의 Next 신규사업으로 이어졌다. 사업부에서 한 번 실패했던 휴대폰 액세서리 B2B몰을 다시 주도적으로 기획할 Chance가 생겼고 초기 MD 세팅까지 나름 성공적으로 진행할 수 있었다.

이후 사업부의 본사업인 휴대폰 유통사업으로 이동했으나, 18개월 만에 휴대폰 액세서리 PB 사업 기획을 위해 다시 호출되었다. 그동안의 모든 경험이 이때를 위한 것이라는 생각이 들었다. 그때 팀장님에게 각오를 보여주고자 했던 말이 "이 휴대폰 액세서리 사업이 내가 이 회사에서 하는 마지막 신규사업이 될 것입니다"였고, 이 말은 이후 실현되었다.

야심차게 조인한 휴대폰 액세서리 PB 사업은 April Stone이라는 브랜드로 출시되었는데, 완전 초보인 팀장 아래 주장이 다른 팀원들이 따로 움직이다 보니 마음 급한 어르신들의 기대보다 진척이 더디었고, 인내심의 한계를 드러내는 상황이 되어가고 있었다. 난 자체 개발보다 OEM 출시를 우선적으로 주장했고, 주도하여 출시했던 무선

이어폰 A20은 내외부에서 호평을 받기도 했다. 하지만 자체 개발한 모델들은 판매가 부진했고, 팀장님이 바뀌면서 브랜드 방향성의 재정립를 시도했으나 결과적으로는 사업이 부진을 겪었고, 내가 팀을 떠난 다음해에는 결국 정리 대상이 되고 말았다.

일개 팀원으로서 신규사업을 추진하는 데 한계를 크게 경험한 나로서는 나의 Next에 대해 큰 고민에 빠지게 되었다. 나보다 4살이나 어린 회장 아들이 주도권을 잡은 이 회사에서 나는 과연 더 성장할 수 있을까? 그런 고민을 가지고 욕심 없이 다시 NShop MD로 일하던 중에 정리 대상이 된 April Stone 담당과 회의가 있었다. 브랜드와 재고를 헐값에 인수하려는 업체의 이야기를 듣고서 화가 나 나는 회사에서의 마지막 Next를 선언하고 말았다. "내가 남은 재고를 한 달 안에 다 정리할게요. 못하면 내가 인수하고 말죠."

하지만 한 달 내 재고 정리는 실패했고, 정말 내가 브랜드를 인수하고 독립해서 다시 살려야겠다는 생각에 이르게 되었다. 고민을 거듭하며 작성한 사업 인수계획서를 들고 담당 임원에게 찾아갔는데, 다행히 사업 정리를 결정했던 담당 임원분은 나의 진심을 알아주고 사업 인수를 적극적으로 지지해 주셨다. 이후 일사천리로 사업부장의 승인까지 얻어낼 수 있었는데, 사내에 소문이 퍼져 그동안 경험하지 못했던 큰 격려와 응원, 지지를 동료들로부터 받을 수 있었다.

그러나 결론적으로 말하자면 회사로부터 최종 사업 인수는 허락받지 못했고, 브랜드는 재고 폐기 후 정리로 결정이 나고 말았다. 하지만 어렵게 독립을 결심하고 준비했던지라 쉽게 포기되지 않았다. 그런 내 이야기를 전해 들은 담당 임원이 도와준 덕분에 회사에서 위로금을 받을 수 있는 Chance를 얻어 TEKT라는 자체 브랜드를 만들어 독립하게 되었다.

이제 3년 차인 나의 독립은 여전히 진행 중인 상태이다. 처음 독립할 때의 계획과는 상당히 다른 상태지만 감사하게도 SK와 안정적인 거래를 하고 있고, 새로운 기회를 찾아가고 있다. 물론 든든한 대기업의 타이틀을 벗어나 사업을 하다 보니 어려움은 더 자주 찾아오고 아직은 온전한 독립을 했다고 말하기도 어렵다. 그래서인지 독립 후 자주 하는 나의 선언이 "나의 성공적인 독립이 후배들에게 희망이 되길 바란다"는 말이었는데, 이 글을 쓰며 좀 더 많은 이들에게 선언하는 셈이 되었다.

지금 이 글을 읽는 후배들에게도 이런저런 어려움 속에 바라는 것들이 있을 것이다. 그렇다면 "나의 Next를 남들에게 선언하라"는 말을 다시 한번 전하고 싶다. 사소하더라도 선언의 힘을 경험하다 보면 꿈은 더 커지고 더 큰 Chance가 찾아올 것이니까.

현) ㈜제이앤코아이앤씨 대표이사, SK네트웍스에서 사업/상품기획, MD, 영업 등 다양한 직무를 통해 컨시어지, April Stone 등을 런칭, 2022년 독립 후 모바일 액세서리 TEKT와 B2B 솔루션 사업을 운영 중

경계를 넘은 도전과 성장
- 공학도에서 글로벌 CFO로

최형준(전자전기컴퓨터학부 03학번)

나는 현재 해외 헝가리 법인의 CFO로서 재무, 인사, 전략 등 다양한 분야를 아우르는 역할을 맡고 있다. 공학도로 시작해 글로벌 기업의 CFO가 되기까지, 나의 경력은 예상치 못한 도전과 성장의 연속이었다. 오늘은 내 경험을 바탕으로, 어떻게 경력 목표를 설계하고 직무를 전환해 왔는지, 그리고 그 과정에서 멘토의 역할이 얼마나 중요했는지에 대해 이야기하고자 한다.

나는 평범한 가정에서 자랐다. 부모님은 부유하지는 않았지만, 성실함과 근면함을 몸소 보여주셨다. 내가 선택한 길을 항상 지지해 주었지만, 대학 졸업 이후의 삶에 대해서는 조언하기를 어려워하셨다. 이것이 내가 적극적으로 멘토를 찾게 된 계기였다.

대학 시절, 나는 '세이노 카페'라는 온라인 커뮤니티를 통해 첫 번째 멘토링 경험을 했다. 세이노는 가난한 배경에서 시작해 자수성가한 분으로, 그의 인생 철학과 조언은 많은 이들에게 영감을 주었다. 이 커뮤니티에서 나는 비슷한 꿈을 가진 사람들과 교류하며 사회 진출을 위한 첫걸음을 내딛었다.

두 번째 중요한 멘토는 대학 선배인 이승도 씨였다. 그는 후배들을 위해 헌신적으로 활동하는 모습을 보여주었고, 나는 그의 열정과 추진력에 깊은 감명을 받았다. 군 복무 중에도 메일을 통해 그에게 조언을 구했고, 그의 메시지는 내게 실질적인 길잡이가 되었다.

사회 진출을 준비하던 중 예기치 못한 시련이 찾아왔다. 아버지의 갑작스러운 별세로 인해 급하게 취업 전선에 뛰어들어야 했다. 이 시기에 부모님으로부터 배운 신뢰와 성실성, 그리고 멘토를 찾아 조언을 구하는 습관은 내 인생의 중요한 자산이 되었다.

노력 끝에 LG이노텍에 입사하게 되었고, 이는 내 인생의 큰 전환점이 되었다. 엔지니어 직군으로 지원했지만, 흥미롭게도 최종 면접에서 마케팅 기획 부서를 제안받았다. 면접 과정에서 대학생 때부터 강점으로 작용했던, 공식석상에서 떨지 않고 말을 조리 있게 하는 면이 작용했을 것이라 생각한다. 공학도로서 당시 고민이 많았지만, 이는 새로운 도전이었다. 글쓰기를 좋아했던 내 성향과 잘 맞았고, 이것이 내 경력의 차별화를 위한 첫 단계가 되었다.

LG이노텍에서 유명 MBA 출신들과 일류 대학 졸업생들 사이에서 일하게 되었다. 사업부장의 제안으로 입사하다 보니 담당 팀장과는 면접을 본 적이 없었고 달가워하지도 않았다. 그들과 경쟁하기 위해 남들보다 더 열심히, 더 헌신적으로 일하는 것으로 경쟁력을 갖추려 노력했다. 이 과정에서 만난 한 선임은 내 첫 직장의 멘토가 되어 귀중한 업무 스킬과 지식을 전수해 주었다.

두산으로 이직한 후 나는 경력사원으로서의 책임감을 더욱 강하게 느꼈다. 이때부터 보다 체계적으로 경력을 설계하기 시작했다. 전략 부문의 전문가가 되는 것을 단기 목표로 삼고, 현재 맡은 업무에서 최선을 다해 인정받는 데 주력했다. 이러한 노력 덕분에 나중에 신사업팀으로 이동할 기회를 얻었고, 그곳에서 M&A와 신사업 검토 경험을 쌓을 수 있었다.

전략 분야에서 전문성을 쌓아가면서 나는 새로운 깨달음을 얻었다. 재무에 대한 깊은 이해 없이는 더 높은 수준의 통찰력과 사업적 판단을 하기 어렵다는 것이었다. 이에 나는 전략과 재무 양쪽에서 전문성을 갖춘 인재가 되는 것을 새로운 목표로 삼았다. 현재 맡은 직무에서 최선을 다하면서도 재무 분야로의 이동을 위해 꾸준히 준비했고, 결국 기회가 왔을 때 재무 부서로 옮길 수 있었다.

이러한 과정을 거쳐 나는 전략과 재무 양쪽에서 전문성을 가진 인재로 성장했고, 여러 번의 특진을 거쳐 현재의 CFO 자리에 오르게 되었다. 이 과정에서 나는 끊임없는 학습의 중요성을 깨달았다. 공학, 마케팅, 전략, 재무 등 다양한 분야를 넘나들며 새로운 지식을 습득하고 적용하는 능력이 내 경력의 핵심 경쟁력이 되었다.

내 경험을 통해 사회생활을 시작하는 이들에게 몇 가지 조언을 드리고 싶다.

첫째, 장기적인 경력 목표를 세우되 유연성을 유지하는 것이다. 나의 경우 처음에는 엔지니어를 꿈꿨지만, 기회가 왔을 때 마케팅으로 전환할 수 있는 유연성이 있었기에 새로운 길을 열 수 있었다.

둘째, 현재 맡은 직무에서 최선을 다하는 것이다. 어떤 위치에 있든 그 자리에서 인정받는 것이 다음 단계로 나아가는 기반이 된다.

셋째, 끊임없이 학습하는 것이다. 새로운 분야에 대한 학습을 두려워하지 말고 지속적으로 자신의 역량을 확장해 나가야 한다. 내 경우 공학에서 시작해 마케팅, 전략, 재무까지 다양한 분야를 학습했고, 이것이 내 경쟁력이 되었다.

넷째, 멘토의 중요성을 인식하는 것이다. 자신의 성장에 도움을 줄 수 있는 멘토를 적극적으로 찾고, 그들의 조언을 귀담아듣는 것이 무엇보다 중요하다. 동시에 여러분도 누군가의 멘토가 될 수 있다는 것을 기억하자.

다섯째, 네트워킹의 힘을 활용하는 것이다. 다양한 분야의 사람들과 교류하며 시야를 넓히고, 이를 통해 새로운 기회를 발견할 수 있다.

여섯째, 자신만의 차별점을 만들어가는 것이다. 경쟁이 치열한 직장에서는 자신만의 독특한 강점을 개발하는 것이 중요하다. 나의 경우 공학적 배경과 재무 전문성의 결합이 차별점이 되었다.

어느 분야에서 일하든 성실성을 바탕으로 명확한 목표를 세우고 끊임없이 노력하며, 본받을 만한 멘토를 찾아 조언을 구하는 것이 성공적인 경력 개발의 핵심이라는 것을 기억하자. 동시에 유연성을 가지고 새로운 기회에 열려있어야 한다.

여러분도 이러한 원칙을 바탕으로 자신만의 성장 스토리를 만들어 나가길 바란다. 여러분의 여정이 어떤 모습일지 정말 기대가 된다. 힘들 때도 있겠지만, 그 과정 자체가 여러분을 성장시키고 궁극적으로 목표에 도달하게 할 것이다.

현) ㈜솔루스 첨단 소재 헝가리 법인 CFO

내가 흔들리지 않으면 세상도 흔들리지 않는다

한상철(신문방송학과 86학번)

많은 선배님들이 이 책에서 본인의 경험과 조언을 자상하고 상세하게 들려줄 것이다. 그분들의 조언이 여러분에게 큰 도움이 되길 바란다.

나는 4학년 취업기에 겪었던 직업 선택의 '혼란과 시행착오'를 부끄럽지만 진솔하게 적어 여러분의 판단에 도움을 주고자 한다. 후배들에게 꼭 전하고 싶은 메시지는 한 줄로 요약할 수 있다. '직업, 결정도 내가 하고 책임도 내가 진다는 결단'이 여러분의 직장생활을 지키고 이끌어준다는 것이다.

취업 초기엔 조급함과 불안감으로 기행을 반복했다. 1992년, 4학년 재학중이던 10월에 학과 게시판의 특채 공고를 보고 광고회사에 지원했다. 취직에 대한 불안감을 못 이기고 성급하게 입사했던 것이 이후 입·퇴사를 반복한 기행(奇行)과 방황의 시작이었다. 당시 입사한 회사는 국내 광고회사 중 21위 규모였고, 안정적인 직장에 좋은 선배들을 만나서 배움과 함께 AE(Account Executive)라는 직무에 흥미와 즐거움을 느꼈지만, 그 반면에 평판과 클라이언트 구성면에서 아쉬운 점도 많았다. 언론사나 대기업에 가기를 원하던 부모님, 지인들의 만류와 우려에 신경쓰지 않을 수도 없었다.

이후 6개월 남짓 광고회사 생활을 하며 방송사, 대기업에 여러 차례 응시했다. 그해 11월에 치른 삼성 공채(33기)에 합격했지만 선택의 고민에 빠져 연수원에 두 번이나 입소하지 않았고, 이후 쌍용컴퓨터 등 3개의 기업에 합격하고도 입사하지 않는 결례와 기행奇行을 반복했다. 숱한 방황 끝에 당시 국내는 물론 아시아에서 1, 2위를 다투던 광고회사 입사를 목표로 삼은 후에 낮에는 회사생활, 퇴근 후엔 시험공부를 병행하며 1년을 준비했지만 다음해 가을에 치른 입사 전형 중 5차 최종 면접에서 탈락했다. 비슷한 시기에 시험을 치른 LG그룹 공채에는 합격했지만, 계열 건설회사 신입사원 연수 과정에서 퇴소해 버렸다.

지금 생각해도 어이없는 그 무렵의 방황과 기행의 이유는 아마도 젊음의 치기와 평생직업을 선택해야 한다는 조급함, 능력에 비해 감당할 수 없었던 주위의 기대가 겹친 것인데 지금 여러분들의 조급한 마음과 다르지 않을 거라고 생각해 본다.

직업으로 '광고'를 결정한 후, 신입사원 연수 과정 중 퇴소해 다니던 광고회사에 재입사하는 우여곡절 끝에 이후 모든 것을 잊고 광고에 매진했다. 그때는 광고인에 대한 인식이 높지 않았지만, 회사의 규모와 상관없이 광고에 인생의 승부를 걸기로 작정하고 나니 오히려 마음이 홀가분해졌다. TV-CM 제작, 신문광고 기획 등 분주한 현업

외에 광고 기획 전문가과정을 두루 섭렵하고, 경영대학원에 진학해 마케팅을 전공했다. 1998년에는 동료들과 독립광고회사 창업이라는 만만치 않은 도전을 하게 되었다.

창업한 회사가 11년이 지나 안정기에 이를 무렵 나는 또다시 새로운 도전을 시도했다. 스스로 광고회사를 떠나 일반기업에서 광고와 홍보를 경험해 보자는 것이었다. 좌충우돌 시행착오를 겪으며 노력한 성과와 평판 덕분인지 2009년 중견기업 임원으로 자리를 옮겨 홍보 분야의 경험을 쌓았다. 동료들과 함께 계열사 수목원을 2년 만에 전국에서 가장 품위 있고 아름다운 곳으로 포지셔닝하는 성과를 만들기도 했다.

돌아보면 두려움과 성급함으로 자초했던 고통이 많았던 시절이었지만, 신입 연수 과정 중도에 퇴소하면서 다짐했던 '결정도 내가 하고 책임도 내가 진다는 결단'이 30년이 넘는 직장생활을 흔들림 없이 버텨준 토대가 되었다고 생각한다.

이제 막 시작하는 후배들의 고민도 30년 전의 나와 같을 것이다. 도서관에서, 집에서, 친구들과 모이기만 하면 취업과 미래 걱정을 할 것이다. 같이 공부하던 동기의 취업 소식을 들으면 왠지 위축되고 출발선에서 뒤처지는 듯한 불안감도 높을 것이다. 안타깝지만 나도 선배들도 다 겪었던 일이다.

남과 같이 선택하면 남처럼밖에 되지 않는다. 시행착오 끝에 얻은 나의 조언은 5년 후에도 10년 후에도 즐겁게 할 일을 먼저 정하라고 권하고 싶다. 나는 그것을 '광고'라고 생각했다. 여러분도 천천히 정해보면 어떨까? 당시의 나는 기행과 시행착오를 반복했지만, 전문직으로 광고인은 어느 직업보다 오래 살아남을 것이라는 확신을 가지고 있었다. 몇 년의 시간이 흘러도 출근이 즐겁고, 여전히 내가 하고 싶은 일을 정했으면 이후에는 모든 것을 잊어버리고 일에만 몰두해 보길 바란다.

'1만 시간의 법칙'이란 말을 들어보았을 것이다. '무엇인가에 대해 전문가가 되려면 1만 시간을 투자해야 한다'라는 의미다. 나는 광고, 홍보 업무를 32년간 했다. 1일 8시간으로 계산해 보면 9배에 해당하는 9만 시간이 경과했다. 그때 선택하지 않았던 대기업들을 지금도 가끔 힘이 들 때마다 슬쩍 되돌아보기도 하지만, 광고를 직업으로 선택한 결정이 틀리지 않았다고 생각한다.

직장은 얼마든지 바뀔 수 있다. 무엇보다 먼저 직업을 결정하는 것이 중요하다. 심리학자 토마시 비트코프스키는 누구나 해줄 수 있는 근거가 희박한 '자기계발 명언'을 믿기보다 '나만의 척도를 세우라'고 권한다. 나도 그 생각에 동의한다. 남이 선호하는 직업이 아닌, 내가 좋아하는 일을 장래의 직업으로 선택하고 그 길 위에서 힘차게 정진하길 바란다.

직업 결정이 힘들 때는 해당 분야 전문가를 찾거나, 경험이 많은 동문 선배들에게 솔직하게 자문을 청하는 것도 좋다. 내가 흔들리지 않으면 세상도 절대 흔들리지 않는다. 모든 선배들과 함께 응원하며 도울 것이다. 여러분의 앞날에 행운이 가득하길 기원한다.

경영학 석사(마케팅 전공), 애드우드커뮤니케이션즈 설립, 2002 월드컵 대구시 홍보자문위원, 사유원 대표/상무 역임

2부
성공적인 직장생활을 위한 팁

사승협 | 대학생활과 진로에 대하여
김영학 | '주식회사 나'로 승부하라!
류태섭 | 멈추지 않는 걸음, 성장의 진정한 비결
성종환 | 소명 의식으로 일하기
손종만 | 헛된 시간은 없다, 헛되게 보내는 시간이 있을 뿐이다
신진용 | 힘들어도 한번 해보자!
오기원 | 앞으로 한 걸음이 아닌, 옆으로 두 걸음
이승도 | 신입사원 시절엔 하고 싶은 것 다 하라

대학생활과 진로에 대하여

사승협(생물산업기계공학과 19학번)

대학생활을 하며 겪었던 고민들을 글로 표현할 수 있다는 것이 기쁘고, 앞으로 후배들에게 방향성을 제시할 수 있다는 점에서 이번 책은 그 의미가 크다고 봅니다. 저의 고민이 모든 대학생을 대변할 수는 없겠지만, 많은 학생이 이러한 고민을 할 것으로 생각합니다.

질문 하나, 전공에 대한 확신이 없을 때 어떻게 하는 게 좋을까요?
제가 스스로 선택한 학과에 입학하여 세부 전공을 공부하고 있으면서도 가끔 이 길이 나에게 맞는지 확신이 서지 않을 때가 종종 있었습니다. 다양한 전공과목을 접하면서 전공 수업에서 재미와 흥미를 느끼기도 하지만, 때로는 몇몇 전공과목에서 '나랑 너무 맞지 않는다' 또는 '이 전공으로 밥벌이를 할 수 있을까?'라는 생각과 함께 미래의 진로에 대한 불확실성을 많이 느꼈습니다.

이런 상황에서 저는 학업 외적인 부분으로 여러 방면을 탐색해 보았습니다. 가령 방학 동안에는 대학가가 아닌 타지에 살며 전공과 무관한 일을 해보거나, 인터넷으로 평소 모르던 분야의 일을 하는 분들에게 연락해 직접 찾아뵙기도 했습니다. 이 과정을 통해 제게 맞는 분야가 무엇인지 조금씩 알게 되었습니다.

하지만 다시 복학하고 어려운 전공 수업을 들을 때면 "지금 전공을 쭉 이어가는 게 맞을까?"라는 생각도 들었습니다. 이런 고민은 많은 대학생이 겪는 보편적인 문제일 것입니다.

선배님들께서는 선택한 전공을 쭉 이어 나가는 것에 대해 고민한 적이 있으신지, 있었다면 어떻게 해결하셨는지, 그리고 전공에 대한 확신을 얻기 위해 어떤 노력을 하셨는지 듣고 싶습니다.

질문 둘, 일하게 될 산업군과 직무는 어떤 방식으로 정하는 게 좋을까요?

공학 계열을 전공하면 나아갈 수 있는 방향이 많기 때문에 졸업 후 어떤 산업군에서 일해야 할지 선택하는 것도 큰 고민입니다. 저는 자동차, 이차전지, 철강 등 여러 산업에 관심이 있지만, 어느 쪽이 제게 더 잘 맞을지 판단하기 어려웠습니다. 일부 회사에서 인턴십을 경험해 보면서 각 산업군의 특성과 기업문화, 그리고 제 적성에 대해 알아가고 고민하는 방식으로 길을 좁혔습니다.

선배님들께서는 어떤 방식으로 자신의 산업군과 직무를 결정하셨는지 궁금합니다. 또한 산업군과 직무를 선택할 때 고려해야 할 중요한 요소들에는 무엇이 있는지, 그리고 이를 탐색하는 과정에서 어떤 경험이 도움이 되었는지 조언을 부탁드립니다.

질문 셋, 직장생활에서 사람들과 어느 정도 관계를 유지해야 할까요?

사회생활을 하다 보면 동기 및 직장 상사와의 관계도 매우 중요하다고 들었습니다. 직장생활을 조금 경험해 보았지만, 사람들과의 관계를 어떻게 유지해야 할지 항상 고민이 됩니다. 너무 친밀한 관계를 유지하는 것도 부담이 될 수 있고, 너무 거리를 두는 것도 문제를 일으킬 수 있다고 생각합니다. 저는 인턴십 기간 동안 적절한 거리를 유지하면서도 친밀한 관계를 형성하려고 노력했습니다:

선배님들께서는 직장생활에서 사람들과 어느 정도의 관계를 유지하는 것이 좋다고 생각하시는지, 그리고 원활한 인간관계를 위해 어떤 노력이 필요한지 듣고 싶습니다. 직장 내에서 좋은 관계를 유지하기 위한 팁이나 경험을 공유해 주시면 감사하겠습니다.

질문 넷, 취업 후에 집중해야 하는 것은 무엇인지요?
취업 후에는 무엇에 집중해야 할지에 대한 고민도 큽니다. 취업이라는 목표 하나만 가지고 취업한 후 방향성을 잃어 금방 퇴사하거나 힘들어하는 친구들을 본 적이 있습니다. 이를 예방하기 위해 정규직으로 취업한 후에는 새로운 목표를 세우고 이를 달성하기 위해 노력해야 한다고 생각합니다.

선배님들께서는 첫 직장에서 어떤 부분에 집중하셨는지, 그리고 초기에 어떤 목표를 세우고 달성하기 위해 노력하셨는지 궁금합니다. 또한 업무 외적으로 취업 초기에는 어떻게 미래를 고민하는 것이 중요한지, 그리고 어떤 태도로 일에 임해야 하는지에 대해 조언을 부탁드립니다. 선배님들의 경험과 지혜가 저와 같은 후배들에게 큰 도움이 될 것입니다.

'주식회사 나'로 승부하라!

김영학(전기공학과 92학번)

1998년 졸업 후 대우중공업 중앙연구소 전자제어팀에서 사회생활을 시작했다. 적성이 맞지 않아 대기업을 퇴사하고 서울재즈아카데미 레코딩과에서 음악을 전공했다. 이 또한 직업으로 하기에 적당하지 않아 무엇을 할까 고민 끝에 기업교육영역인 HRD로 2006년부터 전향하여 커리어를 쌓기 시작했다.

늦은 시작이라 HRD 대학원 석사 과정부터 등록하여 열심히 공부하던 중, 그 당시 HRD 컨설팅계의 대표격인 PSI컨설팅 대표의 수업을 듣게 되면서 자연스럽게 PSI컨설팅에 합류하게 되었다. PSI컨설팅은 '역량모델링'이라는 개념을 국내 최초로 도입했고, 지금까지 '역량모델링과 교육체계 수립 프로젝트'를 가장 많이 수행한 업력 34년의 컨설팅 회사다.

PSI컨설팅에 입사하면서 '반드시 국내 최고 컨설팅사에서 성공하겠다'라고 다짐하며 개인 브랜딩 작업을 했다. 일반적인 개인 브랜딩은 내가 유명해져서 이름을 널리 알린다는 개념이지만, 내가 생각한 개인 브랜딩은 나를 '주식회사 나'의 CEO로, PSI컨설팅을 원청으로 보고 매년 우수 협력업체가 되기 위해 최선을 다하겠다는 일념이었다. '주식회사'이기 때문에 자연스럽게 주인의식이 생기고, PSI컨설팅의 협력업체이기 때문에 PSI컨설팅이 잘 되는 것이 내가 잘 되는 것과 동일시되어 개념화하기 좋았다.

단순해 보이는 개념이지만, 이 개인 브랜딩 개념을 실제 브랜드 관리하는 것과 동일하게 '브랜드 탐색→브랜드 구축→브랜드 확산→브랜드 관리'의 순으로 진행했다. 먼저 브랜드 탐색은 '자신이 누구인지, 무엇을 잘하고 무엇을 하고 싶은지를 명확하게 파악하는 단계'이다. PSI컨설팅 입사 당시 능력적인 측면에서 '언어구사력이 높다'고 생각했고, 존경을 받는 측면에서는 '배려심이 많다'고 생각했다. 그래서 미래 비전으로는 능력적 측면에서 'PSI컨설팅의 최고 세일즈맨이 되어야겠다'라고 생각했고, 존경받는 측면에서는 '따뜻함과 즐거움을 주는 사람이 되어야겠다'라고 생각했다.

브랜드 탐색에서 추가적으로 중요한 것이 인브랜딩 개념이다. 고어텍스 로고가 박혀있는 파타고니아 옷이 부가가치가 높은 것처럼 PSI컨설팅에 '김영학'이 있다는 사실이 PSI컨설팅에도 추가적인 부가가치를 줄 수 있어야 한다는 의미다. 이렇게 브랜드 탐색을 한 이후에는 '자신의 정체성 구축 및 스토리텔링을 하며 로고 및 슬로건'을 결정하는 브랜드 구축 단계를 거쳤다.

브랜드 구축을 한 뒤에는 개인 브랜드대로 삶을 살아가야 한다. 개인 브랜드를 아무리 멋지게 구축해도 삶이 뒷받침되지 않는다면 화이부실華而不實하게 된다. '저 사람처럼 되고 싶다, 같이 일하고 싶다'라는 말을 듣기 위해 최선을 다했다. 매 연말이 되면 고객들에게 신년카드를 만들어 개인별로 맞춤화하여 발송했고, 생일마다 생일카드를, 고객이 승진하면 승진 축하카드를 만들어 발송했다. 그리고 세일즈맨으로서 상황에 적합한 언어를 구사하기 위해서도 부단히 노력했다. 그렇게 해서 고객들에게 얻은 별명이 '언어의 마술사'였다.

　부단한 노력의 결과, 세일즈 총괄리더로 활동한 7년 동안 4번의 전체 목표 달성을 이룩할 수 있었다. 브랜드 관리를 꾸준히 한 결과로 PSI컨설팅 역사상 처음으로 '최우수 사원상'을 두 번 수상하게 되었는데 한 번은 직원들의 투표로, 한 번은 경영진 선정으로 수상하게 되어 더욱 뜻깊었다. 또한 2015년에는 직원 투표로 '볼수록 매력있는 직원' 2위에 선정되었고, 2023년에는 학습민첩상을 수상하기도 했다.

　후배들도 '주식회사 나'라는 개념으로 지금 다니는 그 회사에서 성장하고 성공하길 진심으로 바란다. 인브랜딩 개념으로 내가 재직하고 있는 회사의 부가가치를 더 높여 나를 핵심인재로 관리하면, 명실상부하게 성공한 직장인으로 승승장구할 수 있을 것이다.

현) PSI컨설팅 영업이사, 코치, 한국커리어코치협회 기획이사, 성남산업진흥공단 HRD전문가, 전) 한국산업인력공단 인적자원개발컨퍼런스 1호 홍보대사

멈추지 않는 걸음
성장의 진정한 비결

류태섭(동물공학/경영학(부) 01학번)

멈추지 않고 걷는 것이 중요하다

새벽에 내린 눈이 출근길을 아름답게 만들었다. 눈 덮인 길을 걷다 보니, 이미 다른 이들의 발자국이 선명하게 남아있는 길도 있고, 아직 아무도 밟지 않은 새하얀 길도 있었다.

과거 직장생활을 하던 시절에는 선배들이 이미 만들어놓은 길을 따르려고 노력했다. 그 길이 안전하고 리스크가 적으며, 업무를 익히는데 효율적인 방법이라고 배웠기 때문이다. 하지만 퇴직 후 창업을 하면서는 남들이 가지 않은 길을 걷고자 했다. 기존의 길을 걷는 것은 특색이 없으며, 경쟁에서 살아남기 어렵다는 생각 때문이었다.

그런데 오늘 눈 덮인 길을 걸으며 새로운 생각이 떠올랐다. 나는 어쩌면 '남들이 만든 길을 따를 것인가, 새로운 길을 만들 것인가'라는 두 가지 선택지 안에 갇혀있었던 건 아닐까? 중요한 것은 어떤 길을 선택하는가가 아니라, 멈추지 않고 걷는 것이라는 생각이 든다. 꾸준히 한 걸음씩 걸어가다 보면 남들이 만든 길을 따르든, 새로운 길을 개척하든 결국 스스로 길을 만들어갈 힘이 생긴다고 믿는다. 지금 내가 있는 이 자리도 그렇게 꾸준히 걸어왔기 때문에 얻은 것이라고 생각한다. 그래서 오늘도 출근길과 퇴근길 모두 묵묵히 걸어가고 있다.

현재 자신만의 길을 걷고 있는 모든 후배들에게도 말해 주고 싶다. 남들이 만든 길을 걷든, 스스로 길을 만들든 중요한 것은 '멈추지 않고 계속 나아가는 것'이다. 그것이 여러분을 성장시킬 것이며, 나아가 세상에도 긍정적인 영향을 미칠 것이다.

좋은 환경이란?

9년 전 직장을 그만두고 창업의 길을 걷기 시작했을 때, 후배들이나 직장인들 앞에서 자주 말했던 주제가 있다. 바로 '좋은 환경'과 '나의 실력'에 대한 이야기이다.

직장에 있을 때 나는 마치 '동물원에 갇힌 사자'처럼 살았다는 생각이 들었다. 정해진 시간에 먹을 것이 주어지고, 사람들은 나를 찾아주었기에 나 스스로 무언가를 열심히 할 필요가 없었다. 그렇게 직장이라는 안전한 울타리 속에서 나는 사람들의 소중함을 잊고 살았다. 하지만 퇴직 후 창업의 길을 걸으며 나는 '야생에 던져진 사자'가 되었다. 누구도 나를 찾아주지 않았고, 아무리 열심히 해도 당장 먹을 수 있는 것이 주어지지 않았다.

그때 나는 깨달았다. 직장에서의 나는 실력이 아니라 '환경'에 기대고 있었다는 것을. 회사라는 울타리 속에서 내가 누리고 있던 편안함은 나의 실력이 아니었다. 그 후로 나는 환경에 의존하지 않고 스스로의 힘으로 꾸준히 걸어가기로 결심했다.

지하철을 이용할 때도 비슷한 생각을 한다. 에스컬레이터를 타면 편하게 이동할 수 있지만, 그것에 익숙해지면 걷는 힘은 점점 약해진다. 그래서 나는 의식적으로 계단을 이용한다. 꾸준히 계단을 오르다 보면 다리에 힘이 생기고, 결국 더 빨리 이동할 수 있는 능력이 생긴다. 그것은 마치 좋은 환경에 의지하지 않고 스스로의 힘으로 걸어가는 삶과도 같다.

여러분도 스스로를 돌아보며 묻길 바란다. 좋은 환경에 의존하고 있는 것은 아닌가? 나의 실력을 꾸준히 키워가고 있는가? 우리는 좋은 환경에서 성장할 수도 있지만, 진정한 성장은 어떤 환경에서도 꾸준히 걸어갈 수 있는 힘을 기르는 데 있다.

속도보다 중요한 것은 꾸준함이다

우리는 종종 삶의 속도에 대해 고민한다. 내가 너무 늦게 시작한 것은 아닌가? 성장이 더뎌서 뒤처지고 있는 것은 아닐까? 이런 생각들이 머릿속을 맴돌곤 한다. 하지만 나는 속도보다 더 중요한 것은 '멈추지 않고 나아가는 것'이라고 생각한다.

한번은 가족들과 한적한 주말에 차를 타고 나가던 중 빠르게 달리는 차들이 눈에 띄었다. 그들은 경쟁하듯 속도를 내다가 결국 앞쪽 신호등에서 급하게 멈추었다. 반면 우리는 속도를 내지 않았지만, 멈추지 않고 꾸준히 달려 결국 그 차들보다 먼저 목적지에 도착할 수 있었다. 이 경험을 통해 느낀 것은 삶도 이와 같다는 점이다. 빠르게 앞서가는 것처럼 보이는 사람들도 결국 멈추거나 길을 잃을 수 있다. 반면, 멈추지 않고 꾸준히 걸어가는 사람들은 시간이 지남에 따라 자신만의 속도로, 그리고 자신만의 길로 앞서나가게 된다.

기타를 배우거나 독서할 때도 마찬가지였다. 처음엔 내가 더 빠르게 나아가는 것 같았지만, 꾸준히 연습하고 꾸준히 읽던 사람들은 결국 나보다 더 깊이 있는 성취를 이루었다. 그러니 여러분도 자신의 속도에 대해 조급해하지 말고, '멈추지 않고 걷고 있는가?'라는 질문을 자신에게 던져보면 좋겠다. 하루하루 꾸준히 걸어가다 보면, 예상치 못한 성취의 순간이 여러분을 기다리고 있을 것이다.

지금 이 순간에도 멈추지 않고 걸어가는 모든 후배들을 진심으로 응원한다. 우리 모두 함께 나아가면 각자의 삶에서 주인공이 될 것이다.

새로운 기회를 위한 길

직장생활을 하면서도 끊임없이 새로운 기회를 발견하고, 문제를 해결하려면 어떻게 해야 할까? 이는 내가 경험한 직장과 창업의 세계에서 얻은 교훈과 매우 깊은 관련이 있다. 대기업과 스타트업에서 7년씩의 경험을 통해 배운 바는, 두 환경이 매우 다르지만 서로에게 필요한 역량을 키우는 것이 중요하다는 것이다.

대기업에서 일할 때는 주어진 문제를 해결하는 것이 주된 업무였고, 그 과정에서 논리적 해결 능력이 중요하게 여겨졌다. 반면, 스타트업에서는 문제를 스스로 찾아내고 해결해야 생존할 수 있었다. 즉 스타트업에서는 불확실성을 감수하고 실험하는 능력이 더욱 요구된다. 이는 두 환경에서 요구되는 역량이 다르다는 것을 의미하지만, 그렇다고 해서 대기업의 안정적인 환경에서 창의적 문제 해결 능력을 기를 수 없는 것은 아니다.

직장생활에서 답답함을 느꼈을 때, 개인적인 차원에서라도 문제를 해결하기 위한 시도를 했다. 예를 들어 후배들과 함께 아침 일찍 출근해서 스터디를 하고 지식을 나누는 시간을 가졌다. 이 작은 시도들은 회사 안에서 해결할 수 없는 문제를 다루는 데 큰 도움이 되었고, 스스로 성취감도 느낄 수 있었다. 이후 창업을 하며 이러한 문제 해결의 방식이 더 큰 역할을 하게 되었고, 지금도 계속해서 새로운 문제들을 발견하고 해결해 나가는 과정을 반복하고 있다.

사이드 프로젝트와 멘토링의 필요성

사이드 프로젝트의 중요성도 강조하고 싶다. 직장에서만 문제를 풀지 말고 사이드 프로젝트를 통해 다양한 문제를 발견하고 실험해 보는 것도 필요하다. 사이드 프로젝트는 내가 속한 분야를 더 깊이 이해하고 내 것으로 만드는 데 중요한 역할을 한다. 회사 밖에서 작은 프로젝트로 관심 분야를 탐구하고, 문제를 발견하고 해결하는 경험을 할 수 있다. 퇴직 후에 하기보다는 회사에 다니면서 미리 경험해 보는 것이 훨씬 안전하고 효율적이다.

멘토링의 필요성도 강조하고 싶다. 후배들에게 가장 자주 강조하는 것 중 하나가 멘토링을 시도해 보라는 것이다. 멘토링을 통해 내가 아는 것을 다른 사람에게 설명하며 더 깊이 내재화할 수 있고 나만의 관점을 만들 수 있다. 또한 새로운 시각을 얻어 현재 하는 일에 대해 새롭게 정의하고 커리어를 재설계하는 데 도움이 된다. 멘토링의 가장 큰 장점은 내재화와 재해석이다. 단순히 아는 것을 전달하는 게 아니라 충분히 내 것으로 만들고, 나만의 정의로 재해석하는 과정이 필요하다. 이 과정에서 얻는 성찰은 매우 크다.

사이드 프로젝트와 멘토링의 시너지를 경험해 보라. 멘토링을 통해 얻은 성찰로 더 나은 사이드 프로젝트를 기획할 수 있다. 문제를 발견하고 실험하고 해결하는 능력을 기르는 최고의 방법은 직접 경험하는 것이다. 사이드 프로젝트를 하며 멘토링을 병행하면 더 넓은 시야와 빠른 성장을 경험할 수 있다. 이는 직장생활에 새로운 활력을 불어넣고 커리어를 한 단계 성장시켜 줄 것이다.

시작이 두려운가? 멈추지 말고 나아가라

지금 새로운 프로젝트나 멘토링을 시작하는 게 두려울 수 있다. 하지만 멈추지 않고 꾸준히 나아간다면 놀라운 성장을 경험하게 될 것이다. 시작이 늦었다고 느낄 수 있지만, 중요한 건 속도가 아니라 꾸준히 나아가는 것이다. 사이드 프로젝트와 멘토링은 그 과정에서 여러분의 성장을 도울 중요한 도구다. 지금부터라도 작은 것부터 시작해 보라. 이를 통해 문제를 발견하고 해결해 나가는 과정에서 더 넓은 세상으로 나아가고 자신만의 커리어를 만들어갈 수 있을 것이다. 함께 꾸준히 걸어 나가며 성장하는 미래를 만들어 나가자.

현) 마이온컴퍼니 대표, LinkedIn, HR industry 인플루언서
전) 국순당 인사담당

소명 의식으로 일하기

청원 성종환(농과대학 67학번)

우리는 살면서 수많은 사람으로부터 삶에 대한 지혜를 여러 방법으로 배운다. 하지만 실천하기엔 뭔가 벽을 느끼는 경우가 많다. 그도 그럴 수밖에 없는 것이 사람은 각자 개성을 가진 독립된 개체이기 때문이다. 비슷한 사람은 있어도 같은 사람은 있을 수 없으므로 사는 행태나 형편도 각양각색이다.

대학을 졸업하면서 시작되는 사회생활도 마찬가지란 생각이다. 특히 사회생활을 영위하는 주류라 할 수 있는 직장생활 역시 환경이나 방법도 다르기 마련이다. 나아가 사회생활을 하면서 직·간접으로 부딪히는 경험과 연계된 생각으로 쌓여가는 인식 체화 정도나 내용 역시 세월이 흐르면서 크게 달라진다.

같은 대학이란 울타리 속에서 같은 교실, 같은 교재로 같은 선생님께 배웠던 농학과 입학 동기가 25명이었다. 대학을 졸업하고 50여 년이 지난 현재까지 정례 모임으로 친교를 나누고 있는 10명 안팎 동기만 보아도 확연하다. 인식 편차뿐만 아니라 사는 형편이나 행태가 모두 다르다. 비슷한 사람도 없을 정도이다.

내가 77세 법정 노인으로 무슨 말을 한들 손자뻘인 청년에게 덕담할 수 있는 한계가 있을 것이란 생각을 할 수 밖에 없는 까닭이다. 전화기조차 사용이 힘들었던 시절에 대학 시기를 보낸 선배와 AI가 내장된 스마트폰을 몸에서 뗄 수 없도록 만인 스마트폰 일체화 시대에 대학 다니는 후배가 갖는 인식이 어떻게 같아질 수 있겠는가?

하지만, 세상이 아무리 바뀌어도 변하지 않는 기본은 있다는 전제로 한 가지만 덕담하고자 한다. 그에 앞서 고백하면, 나는 불가피하게 육군에 입대하기 이전 2년여 대학생활 동안 학과 공부에 성실하지 못했다. 학과 공부보다는 다른 일에 더 관심이 많았다. 핑계이므로 후회하지 않는다면서도 아쉬울 때가 있어서 하는 말이다. 사회생활을 하면서 대학생활이 부끄럽지 않으려면 열심히 공부하자. 성적은 나 자신이 만든 얼굴로 평생을 따라다니기 때문이다.

각설하고, 대학생활이 100세 시대를 사는 인생에서 전부는 아니다. 대학생활이 조금 만족스럽지 못하다 해도 의기소침할 필요는 없다. 인생에서 반전은 늘 있기 마련이므로 길게 보아야 한다. 그러기 위해서는 삶에 대한 인식을 바탕으로 하는 바른 가치관이 필요하다. 여러 가지가 있겠으나, 단연코 어느 자리에서나 내가 있는 이유를 탐구하는 것이 가장 중요하다고 여긴다. 사람은 누구나 천부天賦―하늘이 부여한 가치와 역량이 세상에 필요하므로 존재한다는 확고한 인식을 가져야 한다. 다름 아닌 '소명 의식'이다.

대학을 졸업하고 직장생활을 하다 보면 자기가 원치 않는 보직을 맡을 수도 있다. 그럴 땐 많은 사람이 회피하거나 나태해진다. 그러다 보면 더욱더 원치 않는 곳으로 가는 악순환을 겪게 되고, 쌓이면 성향이 된다. 때론 좌절해 사표를 던지기도 한다. 물론 과감한 사표 쓰기로 적절히 변신해 더욱 성장 발전하는 바탕을 만들 수도 있다. 하지만, 쉽지 않은 일이며 잘못 굳어지면 평생을 떠돌이처럼 살기도 한다.

직장생활에서 나름대로 보람을 쌓으면서 자신이 감당할 책임 영역을 넓혀 나가는 등, 소위 말하는 성공할 수 있는 흐름으로 갈 수 있는 방법은 무엇일까? 여러 가지가 있겠으나 내가 경험하기로 가장 효율성이 높은 것은 바로 어떤 상황에서나 자기 스스로를 긍정하며 소명의식으로 일하기이다.

어떤 자리이건 발령받아 갔다면 내가 여기에 왜 왔을까? 라는 물음표를 달자. 여기에서 무슨 할 일이 있길래 내가 여기 왔는가? 흔히 말하는 한직이나 모두가 좋게 여기지 않는 보직일지라도 '내가 온 이유가 있을 것이다'라고 그 상황을 깊이 따져보자는 것이다. 그래서 마음을 다잡으면 그 자리에서 과연 무엇을 할 것인가를 발견할 수 있게 된다. 그 발견을 바탕으로 그 보직에서 발전책을 찾아가면 성공이다.

만약 별로 개선할 일이 없으면 조직을 위한 가치 있는 일을 만들어 보자. 그래서 그 자리에서 할 수 있는 자기 역량을 최대한 발휘하자. 그러다 보면 또 다른 새로운 보직으로 옮겨갈 기회는 있기 마련이다.

물론 관리자가 갖는 인식에 따라 차이는 있긴 하다. 어떤 관리자는 일 잘하는 능력 있는 부하를 자기 밑에 두고서 계속해서 부려먹기만을 원한다. 그런 상사가 많을지도 모른다. 그러나 바른 조직은 능력 있는 사람을 좀 더 가치 있는 일자리로 밀어 조직 발전을 꾀하도록 주변에서 지원하기 마련이다.

　나 자신이 특별히 그런 경험이 많아 장담한다. 직장에서는 자기 스스로 능력 발휘도 있지만, 조직 내부 상호 지원이 중요하므로 자기 위치에 만족하지 않고 발전을 꾀하다 보면 길은 열린다는 의미다.

　내가 청도군 농촌지도소 기술보급과장으로 근무하다가 농촌진흥청 농촌지원국 주무과인 지도기획과로 발령받았다. 발령장을 받고 보니 내 보직은 사업관리팀장이었다. 과 내에서 어디에 소속되기 애매한 일만을 맡아 추진하는 자리였다. 사업관리라는 명칭을 붙였지만, 사실은 대부분 자질구레한 일이 많았으며, 실적을 내며 빛날 일이 없는 골치만 아픈 자리였다. 그러니 어떻게 하면 그 자리에서 빨리 벗어날까? 생각하는 그런 보직이었다. 선임자들이 대개는 길어야 1~2년을 근무하다가 다른 자리로 옮겨갔다. 소위 말하는 한직이었다. 나는 그 자리가 흔히들 별 볼 일 없다고 여기는 줄도 모르고 발령받은 셈이다.

　그러나 일단 발령받았기 때문에 뿌리를 내려야 한다는 생각을 가졌다. 처음으로 감당한 일은 국비를 지원해 농민단체에서 추진한 건물 리모델링 사업이 감사원 감사에 부실 공사로 지적돼 10억대 손실금을 물어야 하는 상황을 처리하는 것이었다. 농민단체를 적절히 감독하지 못했다는 이유로 담당 과장이 징계받아 전출되는 등 농촌지원국장이 골치 아파하던 처지였다. 발령받고 2개월여 최우선으로 매달려 동분서주東奔西走한 결과 원만히 해결했다. 농촌지원국장이 "십 년 묵은 체증이 확 내려갔다"고 칭찬했다.

　그 후부터는 내규에 있는 업무 가운데서 현안 비중을 따져 내가 할 일을 객관화시켜 파고들었다. 업무 중요도에 따른 우선순위를 정하고,

기존 업무 가운데서 일부는 과감히 폐기 처분시켰다. 물론 조직 내부 저항도 없진 않았으나 소신으로 밀고 나갔다. 아울러 새롭게 창의적으로 만들어낸 업무들이 늘어나고, 1년쯤 지나면서 팀 명칭 자체를 바꿔 '능력지원팀'으로 변신했다. 2년 차가 지나면서 새롭게 추진하는 일들이 확대되면서 3년 차에는 업무 내용이 크게 바뀌었고, 4년 차 이후는 속도를 붙여 추진할 수 있었다. 이와 같은 일들은 나 자신을 돋보이게 하며 또 다른 것을 이룰 수 있는 좋은 환경으로 조성되었다.

그렇게 5년여가 흐르면서 청장 주재 실국장 간부회의에 참석하는 차장 직속 기술공보담당관 보직으로 전무후무하게 승진했다. 이어서 농촌지도직 최고위 보직인 농촌지원국장까지 이르렀다. 내가 있던 능력지원팀장은 경쟁 보직이 되었다. 그 자리에 가면 승진이란 인식 때문이며 실제로 모두가 승진했다.

그래서 내가 얻은 별명이 '아이디어 뱅크', '해결사', '칼날' 등이었다. 왜? 내가 가면 기존에 있던 어떤 문제들이 해결되는 그런 결과를 많이 가져왔기 때문이다. 내가 할 일이 무엇인가? 원칙에 따라 문제를 찾아 개선하다 보니 자연스럽게 또 문제가 많은 곳으로 옮겨 새로운 일들을 했기 때문이다.

조성되는 상황이나 주어지는 보직에서 언제나 긍정적인 태도로 임하면, 그것이 직장에서 돋보이고 남다른 능력을 인정받을 수 있는 기회가 된다. 조직에서 자기가 할 일을 스스로 찾아 하는 능동적 자세, 그것이 바로 주어진 보직에서 소명 의식을 갖는 것이다. 소명 의식을 가지고 열심히 하다 보면 능력을 인정받고, 한 가지 일에 대한 능력을 인정받은 사람은 또 다른 능력도 인정받게 된다.

주어지는 모든 상황을 긍정적 기회라 여기자. 즉 내게 닥친 원치 않는 상황이라 할지라도 고난이나 나락으로 떨어지는 것이 아니라 자기 길을 만드는 기반이라고 생각하자. 그러면 매사에 열심히 임하여 만사가 즐겁다. 이것이 바로 직장생활을 비롯한 사회생활에서 나름의 성공을 이루며 행복해지는 비결이라 믿는다.

현) ㈔농진중앙회 부회장, ㈔한국사람길걷기협회 이사
전) 농촌진흥청 농촌지원국장, WFK(World Friends Korea) 자문관

헛된 시간은 없다
헛되게 보내는 시간이 있을 뿐이다

손종만(전자과 81학번)

지방에서 나고 자란 나의 본격적인 사회생활은 서울에 있는 대기업 본사에 입사하면서부터다. 나는 삼성전자에서 23년이라는 짧지 않은 시간을 보냈고, 지금도 내게 많은 경험과 가르침을 준 그 회사에 애정을 품고 있다. 그러나 입사 초기에 내게 할당된 업무는 남들이 별로 좋아하지 않는 허드렛일에 가까웠다. 서울에서 대학을 나온 동기들과 달리 내가 인기 없는 일을 맡게 된 진짜 이유는 모른다. 하지만 사투리를 쓰는 지방대학 출신이었기 때문이 아니었을까 하는 의구심이 가끔 들기도 한다.

외자구매 부서로 입사한 내게 처음 주어진 일은 모두가 꺼리는 초저가의 저항이나 콘덴서, 인덕터 등의 부품을 구매하는 것이었다. '수동소자'로 더 잘 알려진 이들 부품은 회사의 총 구매예산으로 따지면 전체의 2%에도 못 미친다. 하지만 그 종수는 전체 자재의 3분의 1을 차지한다. 해야 할 일은 많은데 비중은 낮은, 고생은 해도 빛을 보긴 힘든 업무다.

그래도 나는 불만을 가지지 않았다. 신입사원 때부터 사장을 꿈꿨기 때문에 회사의 모든 업무를 알아야 한다고 생각했기 때문이다. 나는 이들 중 유사부품은 한 부품으로 공용화하고 부품별로 채산성이 높은 공급사에다 물량을 모아주었다. 우리로선 보관창고도 효율화되고, 업체로선 생산성이 올라가 이익도 늘고 결국은 우리에겐 가격 절감 효과로 되돌아왔다.

금액이 크고 적을 뿐 허드렛일에도 파고들어 가 보면 모든 일이 유사하여, 애착을 가지고 일한다면 일하는 방법과 그 속에 배울 점은 많았다. 이 경험은 훗날 터치반도체 회사를 운영하면서 50센트짜리 초소형 반도체를 마이크로하게 들여다보고 공정을 7단계로 나눠서 미세 관리할 수 있는 시야를 갖게 해주었다.

나는 업무들의 상관관계를 고민하고, 그 일을 다음 담당자를 위해 매뉴얼로 만들었다. 무슨 일이건 맡으면 정리해서 매뉴얼을 만드니까 선배들이 '정리사'로 불렀고, 그 후 골치 아픈 허드렛성 일들은 아이러니하게도 모두 내게로 모여들었다.

1994년 우리나라가 수도권을 중심으로 케이블TV 방송을 시작하기로 했다. 치열한 경쟁입찰 결과 삼성이 강남, 마포 등 주요 지역의 방송 장비 공급사로 선정되었고, 이에 따라 구매부서 최초로 생면부지의 방송 장비를 구매해야 하는 일이 벌어졌다. 당시 국내에서는 방송 장비를 만들지 못해 전부 수입해서 턴키로 납품해야 했다. 골칫덩이 업무를 담당할까 봐 서로 눈치만 살피는 분위기였는데 예상은 빗나가지도 않고 그 업무도 어김없이 내게 배정되었다. 당시 아내가 첫 아이를 출산하러 친정인 부산에 내려간 시기이기도 해서 혼자서 생소한 방송 장비에 대해 밤새워 공부했다.

일본의 스미토모사와 방송 장비 구매 협상에 들어갔다. 바늘 하나 들어가지 않을 것처럼 꿈쩍도 하지 않고, 양보 '양' 자도 통하지 않을 일본 기업과 생소한 방송 장비의 규격, 가격, 무상 유지보수, 운용 교육 등 조건을 밤낮없이 협의했다. 6개월 후 첫 제시 가격 대비 42%나 싸게 협상을 마무리하고 성공적으로 납품하게 되었다. 또한 그해 초여름 너무나 예쁜 첫 아이가 선물이 되어 왔고, 우리나라에서는 최초로 케이블TV 방송이 시작되었다.

삼성인력개발원으로 차출되어 파견가는 선배를 대신해 일명 '땜빵' 업무로 그 선배가 담당하던 공장 생산설비 구매업무가 또 나에게로 주어졌다. 당시 공장 설비는 구매부서의 한직에게 주어지는 일이었다. 매우 서운했지만, 이 또한 내가 경영자가 되기 위한 과정이구나 생각하며 받아들였다.

일을 맡은 동안 일본 및 국내 설비 업체들을 현장 방문하며, SMT 장비, 검사 장비, 금속가공 장비, 도장 설비 등에 대한 공부를 많이 하게 되었다. 이런 경험 또한 훗날 내가 만년 적자에 허덕이던 서울전자통신이라는 국내 POS 기기의 1/3을 생산하던 중소기업의 대표를 맡으면서 중국, 베트남, 말레이시아, 국내 부평공장의 설비를 효율화하고, 저가로 구매하고, 공장 내 설비 레이아웃을 생산 효율성 있게 재배치할 수 있는 시야를 갖게 해주었다.

언젠가는 우리 사업부도 아닌 광통신 사업부의 구매업무가 내게로 내려왔다. 어차피 고과나 승진도 그 사업부에서 할 일도 아니어서 모두들 기피하는 업무였다. 특히 광통신은 광섬유와 광케이블을 생산해야 하는 화학물 공정이 대부분이라 지금까지의 조립업인 전자제품의 부품을 구매하는 일과는 전혀 차원이 다른 업무였다.

구매 타이밍을 놓쳐 해상운송 자재인 전선 피복재가 수에즈운하를 통과해서 우리나라에 도착하기까지 45일이 걸린다는 사실을 모른 채 가격 협상에 몰두하다 납기를 놓치는 사고가 발생했다. 광케이블 만드는 화학 공정은 도중에 생산이 멈추면 막대한 손실이 발생하기 마련이다. 긴급 수배 끝에 간신히 프랑크푸르트공항에서 소련 비행기를 전세 냈다. 회사가 지불해야 할 20톤의 항공 운송 비용은 막대했다. 나는 입사 후 처음으로 사업부장에게 불려갔고 시말서를 썼다.

이후 이공계 전공이니만큼 기술적인 자료부터 구매 이력을 모으고 생소한 화학물 공정을 공장 현장을 방문하여 공부했다. 이를 한 권의 매뉴얼로 만들었다. 사업부장이 기특하다고 칭찬했다. 이후 한이 맺힌 그 자재를 한화종합화학에 직접 찾아가 국산화를 추진했다. 외국 자재 대비 1/3 수준의 가격에, 납기마저 1/10로 줄이고 운송비도 70%나 절감할 수가 있었다.

삼성의 애니콜 휴대폰 사업이 3년간 정체된 시기가 있었다. 회사 전체의 경영 체질 개선이 절실해졌다. 경영진이 교체되고 대대적인 경영혁신이 벌어졌다. 당시 나는 경영혁신 TF팀에 합류해서 LCD 표준화 혁신 테마의 리더로 선발되었다. 본업을 하면서 경영혁신까지 하기가 무척 힘들었지만, 이 또한 내가 경영자가 되려면 당연히 알아야 할 일이라고 생각하니 오히려 보람을 느낄 수 있었다.

당시 삼성전자의 휴대폰에는 180여 종의 LCD가 탑재되어 있었다. 나는 그 종류를 1/3 정도인 60여 종으로 줄였다. BLU(Back Light Unit, LCD 패널 전체에 고르게 빛을 전달하는 조광 장치) 기구물도 30여 종에서 10여 종으로 표준화하는 혁신적인 성과를 남겼다. 그리고 LCD 표준화 TF가 끝나자마자 다시 GSCM(Global Supply Chain Management, 삼성전자의 글로벌 생산공급관리 시스템)으로 세계 최고 수준의 자원관리 ERP(Enterprise Resource Planning, 전사적 자원관리. 기업 내 생산, 물류, 재무, 회계, 영업과 구매, 재고 등 경영 활동 프로세서를 통합적으로 연계해 관리해주는 시스템) 시스템이라는 ERP 구축 TF에 합류하여 몇 개월을 더 고생했다.

이런 경험은 훗날 적자에 허덕이던 중소기업을 맡으면서 크게 도움이 되었다. 중소기업에 와보니 자재 코드가 없어 동일 자재임에도 불구하고 국내외에 운영되던 5개의 공장마다 어떤 공장은 자재가 부족하여 비싼 가격으로 항공 운송으로 긴급 구매해서 나르고, 어떤 공장은 그 자재가 남아서 악성 재고로 창고에 방치되어 있었다.

하기 싫고 힘들었던 경영혁신에서 경험한 것을 토대로 마치 훈민정음을 창제하는 수준으로 자재 코드를 새로 만들고, 전 공장 동일 자재는 동일 코드로 적용하니 자재 부실이 사라지고 안정된 생산 운영으로 품질 또한 대폭 개선되었다. 또한 지니틱스라는 스타트업 반도체 기업을 운영하면서 수억을 요구하는 ERP 시스템을 중소기업 체질에 맞게 대표이사인 내가 직접 설계하고 경영자원 운영시스템을 구축했다.

이로 인해 스타트업 초기 열악했던 자금의 절약은 물론 낭비 요소를 제거하고 자원 운영을 최적화하여 국내 반도체팹리스 업계 최고의 수익률과 성장을 이끌어내어 코스닥 상장까지 갈 수 있었다.

경영시스템이 갖추어지지 않은 중소기업에서 솔선수범이란 앞장서다는 것 이상의 의미를 지닌다. 앞에 가서 서 있기만 해서는 안 되기 때문이다. 중소기업의 CEO는 방향 설정부터 걷는 방법에 이르기까지 모든 것을 직접 가르칠 수 있어야 한다.

처음 목표와 달리 나는 그 대기업에서 사장이 되지는 못했다. 그러나 사장이 되려면 모든 것을 알아야 한다는 내 생각은 틀리지 않았다. 사업성이 다른 3개 사 중소기업의 CEO를 맡으며 모두가 피하던 허드렛일, 힘들어서 진땀을 쏟아야 했던 그 모든 일이 피가 되고 살이 되었다.

당시에는 허드렛성의 잡다한 일이라 생각했었지만, 오히려 다양하고 많은 경험을 할 수 있었고 경영의 뼈대를 세울 수 있는 체질을 키워주었다. 공장 설비 경험은 중소기업으로 이전한 후 해외 공장의 설비 세팅에 큰 도움이 되었다. ERP 시스템 또한 직접 구축해 보지 않았다면 중소기업의 경영혁신에 앞장설 수 없었을 것이다.

헛된 시간은 없다. 헛되게 보내는 시간이 있을 뿐이다. 어떤 일을 하건 최선을 다한다면 시간은 배신하지 않는다. 노력한 만큼 결과는 반드시 돌아온다. 그간의 삶이 내게 건넨 교훈이다.

현) 외국계 기업 한국법인 대표, 성균관대학교 교수
전) ㈜지니틱스, 서울전자통신㈜ 대표이사, ㈜OKPOS 총괄사장

힘들어도 한번 해보자!

신진용(화학과 79학번)

1983년 화학과 졸업 후 공군 장교로 입대했다. 86년 전역 후 삼성석유화학 울산공장에 입사했다. 울산공장에서 약 7년 근무 후 92년 서울 영업부로 옮겨 국내 및 해외영업 분야에서 약 17년 활동했다. 이후 회사의 신사업을 수립하는 기획, 연구소장을 약 4년 맡았다. 28년이 조금 넘는 시간을 삼성종합화학(이전 석유화학, 현재 한화임팩트)과 함께했다. 삼성의 화학 부문이 한화와 롯데로 매각될 당시 전무로 퇴임했다. 이후 태광실업 그룹에 입사해 TKG 애강 대표이사, 휴켐스 대표이사 사장을 6년간 맡은 후 퇴임하고 고문역을 수행했다.

울산공장 입사 때 품질관리 부서인 시험분석실(실험실)에 배치받았다. 생산부서를 지원하는, 큰 주목을 받지 못하는 부서였으나 처음 하는 직장생활이라 부서장과 선배들의 지시와 요청에 늘 "해보겠습니다!"로 수용했다. 회사와 부서에 필요한 품질관리 기사 1급 자격을 취득했다. 1989년 치열해지는 영업환경에 대응하기 위해 기술서비스

팀이 신설됐고 회사의 요청에 기꺼이 응해 부서를 옮겼다. 팀장 외 부서원 2명인 작은 부서 생활이 시작됐다. 회사의 제품을 구매하여 사용하는 고객사 공장을 매일 방문해 품질과 납기, 포장에 문제가 무엇인지 파악하고 영업과 생산부서에 피드백했다.

가격 협상이 이루어지고 제품 공급 후 알아서 사용하라는 식이었던 공급사에서 불편함이 무엇인지 찾아와서 묻자, 처음에는 반신반의하던 고객사 기술진들이 잦은 방문과 기술협의로 조금씩 신뢰를 갖게 됐다. 기술협의를 넘어 서로 간에 인격적 신뢰도 쌓아가게 됐다. 사내에서도 영업과 생산에 있어 고객사에서 가격 외에 어떤 부분의 개선이 필요한지 수렴하는 창구가 됐고, 영업본부장과 사장님의 큰 관심을 받았다.

공장에서 근무할 때는 학교에서 배운 지식을 확인하고 적용해 보는 기회였다. 선후배 부서장들과 쌓은 관계는 직장생활 중에 늘 좋은 밑거름이 됐다. 삼성종합화학의 퇴직자 모임('화사회')은 지금까지도 가족같은 분위기로 활발히 이어지고 있다. 40년 전부터 알고 지낸 고객사 기술자들과 지금도 경조사를 공유하는 등 연락을 지속하고 있다.

이후 영업으로 자리를 옮겨 국내/해외 영업맨으로서 국내와 세계 각처를 오가며 영업활동을 하면서도 나는 "어렵습니다" 하기보다는 "해보자!"라는 생각으로 임했다. 2011년 12년에는 최대 매출과 최고 이익을 달성하는 보람을 느낀 적도 있었다.

영업본부장에서 갑자기 연구소장 및 기획을 담당하라는 사장님의 요청이 있을 때도 기꺼이 "예 알겠습니다. 해보겠습니다!" 하고 신소재 개발을 위한 업무를 수행했다.

가능한 다양한 업무를 경험하자는 생각으로 공장의 품질관리, 기술서비스, 국내 및 해외 영업, 회사의 미래를 설계하는 기획, 연구소장 업무를 경험했다. 2015년 TKG 애강과 휴켐스의 대표이사 사장을 맡을 좋은 기회를 맞이했다.

TKG 애강은 코스닥 상장업체로 플라스틱 파이프 등 사출, 압출 업체인데 내가 대표이사 취임 전 3년간 적자로 상장폐지의 위기와 많은 부채를 안고 있어서 이자 금융비용의 부담이 큰 회사였다.

회사 내 전 부서원들과 면담하고 난관을 헤쳐나갈 방향을 제시할 때 이전에 근무했던 많은 부서의 경험이 큰 힘이 됐다. 먼저 국내 최고 품질과 생산성이라고 스스로 자부하는 종업원들에게 고객을 방문하여 평가를 듣게 하고, 타사 제품과 품질을 직접 비교 분석하여 우리의 현 위치를 정확히 알게 했다. 영업은 단순 대리점 공급구조에서 매출목표를 정하고 점검했다. 대리점 사장들을 매월 나누어 초청하여 회사의 개선 노력을 설명하고 협조를 구했다.

생산현장을 2조 단순 교대근무에서 3조 3교대를 거쳐 4조 3교대로 개편했다. 단순공정을 자동화하고, 구입하던 원료의 자체 컴파운딩 공장을 설립하여 약 20%의 원가절감 목표를 달성할 수 있었다. 중기청에서 지원하는 스마트 공장 구축사업에도 참여하여 지속적인 개선 활동을 실시했다.

이러한 노력으로 임기 첫해부터 매출이 약 30~50% 증가했다. 이로 인해 흑자 전환하고 부채를 상환함은 물론 약 500억 원의 예금을 운영하는 강소기업으로 성장했다. 종업원들은 "하면 된다!", "한번 해보자!"라는 자신감을 갖게 됐다.

휴켐스에서도 지속적인 매출 증대와 최대이익을 달성했다. 화학공장의 안전환경 강화를 위한 최대한의 투자로 종업원들의 안전을 지속적으로 확보했다. 사업 확대를 통한 회사 성장을 위해 질산과 MNB(우레탄 원료) 증설 프로젝트를 약 5,000억 원 투자하여 진행하는 것을 이사회 승인을 받아 추진했다.

이 같은 일을 수행할 수 있었던 것은 주주, 종업원의 협조와 동참이 있었기에 가능했다. 이는 그동안 여러 부서에서 일했던 경험이 각 부서의 특징과 고민, 애로사항을 공감하고 해결하는 데 큰 도움이 되었다고 생각한다.

이제는 이공계 전공자들도 지방의 공장 근무를 꺼리고 서울에 근무하는 것을 선호한다. 연구소장으로 기흥에서 근무할 때 연구원들의 근무지 남방한계가 기흥이라는 이야기를 공공연하게 들었다.

현장의 기계설비, 운영현황, 인적 교류를 통한 공감대 등을 모르고 회사 업무를 추진하기는 여간 어려운 일이 아니고, 미래지향적인 기획안을 내기가 쉽지 않을 것이다. 회사가 요청하는 어느 부서 어느 곳이든 달려가서 많은 경험을 하는 것이 큰 재산이다.

"항상 QCD 부분에 개선할 것이 있는지 고민하라. 경영은 좋은 제품(Quality)을 값싸게(Cost) 만들어서 빨리(Delivery) 고객에게 공급하는 것이다."(이건희 회장의 '신경영' 중에서)

"측정(수치화)할 수 없다면 개선할 수 없다."(피터 드러커의 '6-시그마')

항상 이 부분에서 개선할 것은 무엇인가를 품질(Q), 원가(C), 납기(D) 기준으로 고민하고 반드시 수치화해서 메모하여 정리하라. 사내에서 아이디어를 제출할 기회가 있을 것이니 충분히 검토한 개선안을 제출하면 자신의 가치를 올릴 수 있을 것이다.

외국어는 두 개 이상 능통하게 하라. 우리나라는 수출로 먹고사는 나라이다. 영업뿐만 아니라 모든 분야에서 해외업체와 협력, 제휴는 필수적인 사항임을 기억하고 능통한 영어 외에 1~2개의 외국어를 추가로 공부하는 것이 좋다.

1992년 한·중 수교 이후 94년부터 일과 후 공부한 중국어는 상해 법인 개설 등을 통해 대중국 수출입을 확대하고, 지역전문가 프로그램을 통해 후배들을 양성하는 데 큰 도움이 됐다. 이제는 중동, 동남아 언어를 시도해 보는 것이 어떨까 하는 생각이 든다.

이제는 한 직장에서 수십 년간 근무하는 평생직장 개념에서 평생직업으로 바뀌었다. 어떤 일이 재미있고 해보고 싶은 일인지 찾고 혼신을 다해 성공하길 진심으로 응원한다. 힘들어도 한번 해보자!

전) 삼성종합화학 전무, TKG 휴켐스 사장

앞으로 한 걸음이 아닌
옆으로 두 걸음

오기원(경영학과 95학번)

2003년 8월부터 제약 업계의 사관학교라는 별명을 가진 얀센코리아에서 사회생활을 시작한 후 2011년 3월 14일 다케다코리아로 이직했다. 회사의 핵심 치료 분야 약물과 고객 모두 생소했고, 글로벌 10위권 회사의 한국 법인 런칭이다 보니 업계에서 내로라하는 실력자들이 모여 경쟁도 치열했다. 함께 입사했던 각 회사 톱클래스의 동료들과 경쟁하에서 중·단기 성과를 만들고 조직의 체계화와 안정화를 이루는 과정은 매우 도전적이었다. 모이면 서로 "한 달이 일 년 같다"는 이야기를 저절로 하던 시절이었다. 입사 후 약 10개월 남짓 되는 날 MR들 중 첫 케이스로 팀장(대구·경북 지점장) 승진 발령을 받으며 새 터전에서의 흐름을 잘 이어갔다.

팀장으로 발령 난 후 어느 날, 경영전략부 상무님이 이후엔 어떤 경력 목표를 가지고 있느냐 물으시길래 "마케팅 경험을 확대하고 싶고 지금 조직 체계라면 영업본부장, 사업부 총괄본부장 역할을 하고 싶다"고 말씀드렸다. 마케팅 경험을 하려면 브랜드 매니저(BM)로서 팀장이 아닌, 다시 팀원으로 돌아가서 활동해야 하는데 괜찮겠냐고 하시길래 괜찮다고 했다. 지금도 같은 생각이지만 사업부 총괄본부장 역할을 해야 하는 사람은 커머셜 파트의 두 축인 영업과 마케팅 경험이 있어야 한다고 생각했기 때문이다.

그런 대화가 오간 후 약 2년 반의 시간이 흐른 2014년 11월 회사 전체 미팅이 있는 날, 인사부 상무님께 다음과 같은 이야기를 들었다. "이번에 새롭게 CNS(신경정신과) 사업부를 런칭하는데 마케팅 BM으로 역할을 해주었으면 한다. 회사를 위해 도움이 필요하다."

그 당시 런칭한 당뇨 치료제 신제품의 시장 확대를 하며 현업에 집중하던 시기에 너무나 갑작스러운 제안이었다. 회사를 위해 필요하다는 이야기에 가슴 쿵쾅거림과 당황스러운 마음에 언제까지 결정해야 하는지 여쭤보니 주말 포함 3일의 시간이 있다고 했다. 2년 전에 마케팅 파트에서 역할도 할 수 있다고 했지만 이미 꽤 시간이 흐른 후였고, 부서는 다르지만 다시 팀원으로 내려가서 새 역할을 해야 하고 대구에서 서울로 지역 이동까지 고려해야 하는 상황이었기에 간단한 선택은 아니어서 짧은 시간 많은 고민을 했다. 더구나 BM의 대부분은 30대 초·중반 후배들이었다. 또한 이미 체계가 잡힌 조직이 아닌, 기존 동료가 팀장이 된 상황에서 새로운 조직 구성을 지원하며 마케팅 활동을 수행해야 했기에, 부담감은 더욱 컸다. 더구나 비슷한 시기에 두바이에서 승무원으로 지내던 아내가 결혼 후 연고지도 아닌 대구에서 강의하며 본인의 능력을 인정받아 영남대학교 정식 교원으로 제안받는 일도 있었기에 더 힘든 선택의 시간이었다.

개인과 회사 두 가지 측면으로 나누어 생각해 보았다. 내가 하고 싶은 일인가? 제약업계에 몸담고 있는 내게 중·장기적으로 도움이 되겠는가? 내가 역할을 담당했을 때 정말 회사에 도움이 될 수 있을까? 그리고 가족의 생각은 어떠한가? 이런 생각들을 한 후 아내의 동의와 함께 두 가지 측면 모두에서 '그렇다'는 결론에 도달하여 3일째 되는 날 제안을 수락하겠다는 뜻을 전했다.

CNS 사업부의 안착이 시급한 시기였기에 기존 담당 지역의 고객분들께 인사도 제대로 못 드리고 제안 수락 일주일 후부터 서울 본사에서 마케팅 BM으로 근무를 시작했다. 다른 BM들보다 늦은 나이에 시작했지만 함께 일하는 조직원들에게 누가 되지 않아야 한다는 마음으로 새벽 1시 퇴근, 아침 7시 출근을 하다 보니 4개월 만에 몸무게가 10kg이나 빠졌다. 그래도 짧은 시간에 조직도 안정되고 비즈니스 측면에서 성과도 낼 수 있어서 보람 있는 시간이었다. 그때 큰아이랑 아이스하키를 하며 둘이 찍은 사진이 있는데 내 모습이 너무 힘들어 보여 지금은 내가 있던 자리에 둘째 사진을 넣어두었다.

영업부 팀장(부장급)에서 마케팅 BM(차장급)으로 역할 변경, 대구에서 서울로 가족 모두 이사 등 그 당시엔 모두가 "왜?"라는 물음을 던지며 반대했던 결정이었다. 그러나 몇 년이 지나니 그러한 물음은 없어지고 주변에서도 모두 용기 있는 좋은 결정이었다는 이야기를 해주었다. 이 글에서 '앞으로 한 걸음이 아닌 옆으로 두 걸음'의 정확한 제목은 '앞으로 한 걸음이 아닌(뒤로 한 걸음 간 다음) 옆으로 두 걸음'이다.

이런 변화 속에 나는 사내에서 8년여의 짧은 시간 동안 다양한 경험을 할 수 있었다. CNS 마케팅 BM 이후엔 컨슈머헬스케어(일반의약품) 사업부에서 BM 역할을 하며 비타민B 복합제 전문의약품 처방 시장 개척 및 확대, TV 광고까지 포함한 소비자 마케팅과 약대생 인턴십 프로그램 기획 및 주관도 했다. 그 후엔 회사의 치료 분야 다양화와 조직의 확대로 시장 대응력을 높이기 위해 글로벌 본사 차원에서 사장님 직속 체제로 새롭게 경영전략부가 만들어질 때 두 명의 초대 멤버 중 한 명으로, 이후엔 회사의 주력 사업부인 항암제사업부 혈액암팀 팀장으로 발탁되어 다케다코리아에서 다이나믹한 생활을 하고 있다.

　우리가 길을 걸을 때 꼭 앞으로 전진하는 것만 생각해야 할까? 걷다가 뒤돌아보면 바로 전의 몇 걸음만 보이지만, 시간이 지나 내가 걸어온 발자국을 드론을 띄워 조금 떨어져서 보면 걸음의 방향이 어떠했는지 알 수 있을 것이다. 어떤 물건을 구입하더라도 얼마나 쓸모가 있는지, 유익한지 온전히 알고 선택하긴 힘들다. 그러하듯 한 걸음, 한 걸음을 내딛는 순간은 넓은 숲속 한가운데 있는 것처럼 지금 어디에 있는지, 어디로 향하고 있는지, 잘 가고 있는지 알 수 없다. 모두가 반대하는 걸음도 그것이 그 당시엔 뒤로 가는 걸음일지 모르겠지만, 스스로 중심을 잡고 '옆으로 두 걸음'을 걸으면 내공도 쌓고 경험을 확대하며 자신의 가치를 확대할 수 있는 좋은 기회가 된다는 이야기를 전하고 싶다.

현) 다케다코리아 이사

신입사원 시절엔
하고 싶은 것 다 하라

이승도(전자과 81학번)

1980년대 후반, 여의도 LG트윈타워에서 LG정보통신에 첫 출근하던 날을 아직도 생생히 기억한다. 가슴 두근거리며 로비에 들어섰을 때, 나와 같은 신입사원들로 북적이는 모습이 눈에 들어왔다. 88올림픽을 앞두고 회사가 대규모로 신입사원을 선발한 덕분이었다. 각 부서마다 오랫동안 기다리던 후배 사원들이 들어오니 선배들의 얼굴에는 환한 미소가 가득했다.

나는 통신장비 영업부의 영업기술과에 배치되었다. 올림픽 준비로 인해 통신장비를 구축하는 대형 건물들이 늘어나면서 우리 부서는 그 어느 때보다 바빴다. 하지만 신입사원인 나에게 주어진 업무는 그리 달갑지 않았다. 불량품 수거, 제안서 작성, 서류 복사 등 주로 잡다한 일들이었다. 다른 과의 동기들은 이미 자신의 거래처를 배정받아 영업활동을 시작했는데, 나만 사무실에 남아 선배들이 시키는 허드렛일을 하고 있으니 솔직히 기분이 좋지 않았다. 그럼에도 불구하고 나는 주어진 일에 최선을 다했다. 늦게까지 남아 카피하고 제안서를 정리하고 제본하여 선배들이 고객을 방문할 수 있도록 준비해 주었다.

어느 날 제품 카탈로그를 새로 만드는 업무가 주어졌다. 선배들은 기존과 같이 4페이지로 제작하라고 했지만, 나는 16페이지를 만들겠다고 제안했다. 수천만 원에서 수억 원 하는 제품인데 4페이지는 너무 성의가 없어 보인다고 생각했기 때문이다. 이렇게 시작된 카탈로그 제작은 나에게 큰 도전이었다. 경쟁사 자료와 해외기업의 자료를 참고하여 정성 들여 제작했고, 결과물은 기대 이상으로 좋았다.

일본에서 도입한 시스템을 구축한 뒤에 영어로 된 매뉴얼을 고졸 출신의 기업 통신담당자들에게 전달해야 했을 때 난감했다. 그들 대부분이 영어에 익숙하지 않다는 것을 알고 있었기에, 나는 이 매뉴얼을 번역하여 한글로 된 책을 만들기로 결심했다. 3개월 동안 자료를 만들었다. 전국에 있는 현장을 방문하는 장기출장을 다닐 때도 여관과 커피숍에서 자료를 번역하고 정리했다. 이를 통해 전자교환기의 원리와 개요를 체계화했으며 1,000페이지에 달하는 매뉴얼 5권 중 가장 많이 사용하는 부분을 추려 하나의 책으로 만들었다.

이 작업은 결코 쉽지 않았다. 나 역시 기술적으로 완벽히 이해하지 못한 부분이 많았기 때문이다. 하지만 현장 근로자들의 눈높이에 맞추어 자료를 정리하고, A/S 직원들의 도움을 받아 내용을 보완해 나갔다. 내가 신입사원 시절에 만든 한글 매뉴얼은 10년이 지난 후에도 회사에서 활용되고 있었다. 상사가 시키는 것만 하는 것이 아닌 꼭 필요한 것을 찾아 수행하면 많은 사람들이 혜택을 보고 또 누군가 눈여겨보고 있다는 것을 알았다.

신입사원 교육 때의 경험도 나에게 큰 영향을 미쳤다. 200명의 동기 중 학생장으로 선발되어 열정적으로 활동했고, 이를 본 인사과장이 내게 영업에 적성이 있다고 평가했다. 하지만 실제 부서 배치 때는 영업과장들에게 선택받지 못해 영업 지원업무를 맡게 되었다. 그때는 실망도 했지만, 지금 생각해 보면 이 경험이 오히려 나를 더 단단하게 만들어주었다.

1년 후 상황은 완전히 바뀌었다. 모든 부서에서 나를 원하게 된 것이다. 그때부터는 내가 원하는 부서를 선택할 수 있는 재량권이 주어졌다. 나는 해외여행을 자주 보내주겠다는 제안을 받아 기획과를 선택했다. 이 경험을 통해 나는 초기의 어려움에 좌절하지 않고 꾸준히 노력하면 반드시 기회가 온다는 것을 깨달았다.

지금 신입사원들에게 이 경험을 나누며 몇 가지 조언을 하고 싶다.

첫째, 어떤 일이든 최선을 다하라. 당장은 힘들고 보상이 없어 보여도 언젠가는 그 노력이 인정받을 것이다.

둘째, 주어진 일에만 머물지 말라. 더 나은 방법은 없는지, 다른 사람들에게 어떤 도움을 줄 수 있을지 항상 고민하라.

셋째, 배우는 자세를 잃지 말라. 영어 매뉴얼을 번역하면서 나는 많은 것을 배웠고, 이는 나중에 큰 자산이 되었다.

넷째, 인내심을 가져라. 처음에는 인정받지 못할 수 있다. 하지만 꾸준히 노력하면 반드시 기회가 온다.

마지막으로, 열정을 잃지 말라. 신입사원 시절의 그 열정, 그 패기가 여러분의 미래를 만든다.

신입사원 시절은 꿈꾸고 도전할 수 있는 가장 좋은 시기다. 하고 싶은 것이 있다면 주저하지 말고 시도해 보라. 새로운 아이디어, 도전하고 싶은 일이 있다면 망설이지 말라고 권하고 싶다. 실패해도 괜찮다. 그 경험이 자신을 더 성장시킬 것이다.

　회사생활이 항상 즐겁지만은 않을 것이다. 때로는 힘들고 지칠 수도 있다. 하지만 그때마다 초심을 떠올려보면 왜 이 일을 시작했는지, 무엇을 이루고 싶었는지 스스로 답을 찾아낼 수 있을 것이다.

현) ㈜휴먼포커스 대표, 전) 에릭슨LG 상무

3부
네트워킹과 인맥 관리 방법

김병정 | 인간관계와 처세술에 대하여
강성광 | 직장과 인생의 균형 잡기
김귀동 | 인적 자산은 돈으로 살 수 없다
김성태 | 공정한 인사고과
김희철 | 약속의 중요성
이승도 | 인사의 힘, 성공적인 직장생활의 열쇠
임지산 | 선입견은 성공의 적 – 틀린 게 아니라 다른 것이다
최영환 | 직장생활에서 살아남는 '팔로우십'

인간관계와 처세술에 대하여

김병정(기계공학부 19학번)

선배님들의 풍부한 경험을 통한 삶의 지혜를 들어볼 기회가 생긴 것에 감사드립니다. 지금껏 살아오며 내게 필요한 조언들을 구할 수 있어 다행으로 생각하며, 몇 가지 질문을 드려봅니다.

질문 하나, 인간관계를 잘 맺고, 처세술을 키우려면?
어렸을 때부터 비행기를 좋아했고, 뭔가를 만드는 것도 좋아했습니다. 그래서 기계공학과가 나와 잘 맞을 것 같다는 막연한 생각으로 선택했습니다. 전공 수업들은 어렵긴 했지만 흥미로웠고, 성적도 그럭저럭 괜찮게 나왔습니다. 2, 3학년 때는 진로에 대해 깊이 고민하지 않았습니다. 그때는 그냥 전공 공부에 더 집중했던 시기였습니다. 하지만 요즘 취업 트렌드는 실무 역량 중심으로 변해가고 있습니다. 지금까지 좀 더 실무적인 경험을 쌓지 못한 것이 아쉽습니다.
저는 직무를 정하는 데도 어려움을 겪었고, 입사 지원서를 작성하는 지금도 이 직무가 맞는 것인지 자주 의심이 들곤 합니다. 돌이켜 보면 무언가 결정하는 일이 어려웠던 듯합니다. 특히 요즘 들어 더 그런 것 같습니다. 우유부단한 성격 탓도 있겠지만, 얼마 남지 않은 대학생활인만큼 뭘 하더라도 신중히 하려다 보니 오히려 선택이 더 어려워집니다.

돌이켜보면 대학생활에 후회가 남기도 합니다. 다양한 사람들을 많이 만나보고 싶었는데 내성적인 성격 때문에 사람들을 만나도 그다지 친해지진 않았습니다. 중·고등학교 때는 하루 종일 같은 반 친구들끼리 지내다 보니 인간관계에 대한 고민이 별로 없었는데, 대학교 때는 꽤 자주 했습니다. 친구가 많다고 무조건 좋은 것은 아니라고 생각하지만 적어도 사회생활하는 데 있어서 주변 사람을 내 편으로 만들고, 초면인 자리에서도 '나'의 정체성을 드러내며, 필요하다면 '나'를 어필할 줄도 알아야 하는데 이런 부분이 부족해서 고민입니다. 사회생활에 꼭 필요한 능력인데 부족한 것 같아 아쉽습니다. 사회생활에서 좋은 인간관계를 맺는 법과 처세술에 대한 선배님들의 구체적인 조언이 궁금합니다.

질문 둘, 합리적이고 후회 없는 결정을 하려면?

현재 저는 학사 졸업 후 취업을 목표로 하고 있지만, 대학원 진학을 계획하는 친구들도 많습니다. 그들과 이야기를 나누다 보면 흔들릴 때가 있습니다. 그들이 하는 말을 들어보면 꽤 타당하기 때문입니다. 하지만 대학원 진학을 위해 딱히 준비한 것도 없고, 학업에 대한 확신도 없어서 일단 취업한 뒤 필요하다면 석사 학위를 따려고 하는

데 그것이 맞는지 고민입니다. 지금 당장은 취직을 원하지만, 제 마음이 바뀔 가능성도 있기 때문입니다.

앞으로 인생을 살면서 종종 중요한 결정을 내려야 할 텐데 '올바른 선택'을 하는 것이 늘 어려워 벌써부터 걱정입니다. 정보의 대홍수 속을 살아가는 지금 합리적인 결정을 내리는 선배님들의 비결이 궁금합니다. 예를 들어, 결정을 내릴 때 어떤 요소들을 고려하시나요? 장단기 목표를 어떻게 설정하고 조율하시는지도 알고 싶습니다.

여러 갈림길에서 결정을 내려야 할 때가 많은데, 제가 내린 결정들이 옳은지 확신이 서지 않습니다. 어느덧 26살이 되었고, 뭔가 새로운 도전을 하기에 늦은 건 아닐까 하는 생각이 자주 듭니다. 군 복무와 재수로 인해 또래들보다 사회로 진출하는 것이 늦어졌다는 불안감도 있고, 부모님께 더 이상 부담되지 않고 경제적으로 독립해야 한다는 압박감도 큽니다.

사실 해외에서 생활해 보고 싶다는 생각을 오래전부터 해왔지만, 졸업이 늦어질까 두려워 교환학생을 지원하지 않았습니다. 4학년 마지막 학기인 지금 생각해 보면 그 결정이 무척 후회스럽습니다. 친구 중 한 명은 일 년 휴학하고 넓은 세상을 경험하고 돌아왔습니다. 그 친구의 이야기를 들으면서 부러움을 느꼈습니다. 이야기를 들을 때마다 더 넓은 세상을 동경하면서도 어느새 현실에 안주하게 됩니다. 취업 후에 그런 기회를 얻기 힘들 것 같아서 조금이라도 어린 나이에 도전해 보고 싶습니다. 항상 마음속으론 이것저것 생각하지만, 이것 역시 결정하기 어렵습니다. 후회하지 않는 삶을 위해선 중요한 결정을 할 때 어떤 것을 우선으로 해야 할지 선배님들의 지혜를 듣고 싶습니다.

질문 셋, 건강한 사회 구성원으로 대한민국에 도움이 되려면?

이야기가 조금 커지긴 하지만, 요즘 뉴스나 유튜브를 보면 저출산, 경제 불황 등의 문제들이 자주 다뤄집니다. 댓글에는 "대한민국 망했다", "빨리 탈출해야 한다"라는 자조적인 반응들이 많습니다. 제 또래에게서도 그런 반응이 늘어나는 걸 보면 참 아쉽습니다. 나름 미운 구석이 있어도, 이 나라가 저의 터전인데 어떻게든 개선해서 좋은 나라로 만들어야 하지 않을까 생각합니다. 물론 나 하나 잘한다고 전체적인 흐름이 바뀌지는 않겠지만, 각자의 자리에서 최선을 다하는 것이 결국 미래를 바꾸는 힘이 되지 않을까 하는 작은 희망을 품어봅니다.

저의 최종 목표는 항공산업에 진출하는 것입니다. 우리나라 항공산업도 과거에 비해 많이 발전했지만, 여전히 미국이나 유럽의 보잉, 에어버스 같은 전통적 항공우주 기업들과는 격차가 큽니다. 만약 해외기업에 근무할 기회가 생기면 더 넓은 세상에서 열심히 배우며 일하고 싶습니다. 그리고 언젠가 그곳에서 배운 지식과 경험을 한국에 적용해 보는 것이 저의 꿈입니다. 이런 꿈을 가진 제가 건강한 사회 구성원으로 대한민국에 도움이 될 수 있는 구체적인 방안에 대해 조언을 구합니다.

질문 넷, 남과 비교하지 않고 행복하게 살아가려면?

이제 4학년이고, 현실적으로 취업을 가장 큰 목표로 두고 있습니다. 그러나 취업이 인생의 끝이 아니라는 사실을 주변 사람들을 보며 깨달았습니다. 취업에 성공한 후에도 행복하지 않거나 삶에 만족하지 못하는 모습을 보면서, 그 이후의 삶에 대해서도 고민하게 되었습니다.

왜 사람들은 자신의 상황에 쉽게 만족하지 못하는가에 대해서도 생각해 보았습니다. 가장 큰 이유는 '타인과의 비교' 때문일 것입니다. 자신의 성취는 과소평가하고 타인의 성취는 과대평가하는, 그야말로 남의 떡이 더 커 보이는 상황이 반복된다고 생각합니다. 인스타그램과 같은 SNS로 알지도 못하는 비슷한 나이대의 친구들은 어떻게 살고 있는지를 보는 것이 비교의 씨앗이 되었습니다. 인스타그램을 보다 보면 어느 순간 내가 이루어놓은 것, 내가 사는 공간, 내가 누리는 것에 대해 불만을 느낀 적이 있습니다. 타인과의 비교에 휘둘리지 않으려면 나만의 중심, 나만의 가치관이나 철학 등을 잘 정립할 필요가 있다고 들었지만, 자극적인 SNS 앞에서는 무색해지는 것 같습니다.

이런 상황에서, 어떻게 하면 자신만의 가치관을 확립하고 유지할 수 있을까요? 또한 취업 이후의 삶에서 행복과 만족을 찾는 방법에 대해서도 조언을 구합니다. 인생을 살아오면서 가장 중요하다고 생각하는 가치나 원칙을 들려주신다면, 미래를 설계하고 살아가는 데 있어 큰 도움이 될 것입니다.

직장과 인생의 균형 잡기

강성광(농업경제학과 86학번)

　1992년 7월 13일, 지금은 우주 속으로 사라진 외환카드에 입사했다. 군대에 입대하기 전 삼성에 합격한 상태라 편히 다녀올 수 있었다. 제대를 얼마 남겨 놓지 않고, 삼성에 입사하기보다는 근무 여건이 좋고 급여도 괜찮은 금융기관을 물색하여 원서를 제출하고 면접도 보았다. 그 결과 은행과 카드사 등 여러 곳에 합격할 수 있었다. 그 당시는 지금보다 취직하기가 수월했다. 주변 직장 선배님들의 의견을 들어 보니 앞으로는 신용카드 사회가 될 것이고 비전도 있다고 했다. 나 또한 그 의견에 동감하여 외환카드사에 입사했다.
　입사하고 내가 맡은 거래승인실의 업무는 야간 근무도 있어 저녁 6시에 들어가서 그다음 날 9시에 퇴근하고 하루 쉬는 근무를 하게 되었다. 급여도 좋았고, 군대 있을 때처럼 야간 근무도 서게 되어 큰 부담은 없었다.
　초창기에는 업무가 그리 빡빡하지 않았다. 맡은 업무를 좀 더 개선하고 도전하여 변모시켜 보겠다는 의지보다는 그냥 모든 게 평온하게 흘러가기만을 바랄 뿐이었다. 입사한 지 약 12년쯤 되었을 때 우리 회사는 외환은행으로 흡수 합병이 되었다. 외환카드사가 외환은행의 자회사여서 다시 합쳐질 수도 있는 일이었지만, 그 당시에 론스타 펀드에 지배당한 외환은행으로의 합병은 구조조정을 통한 인원조정이 뒤따랐다.

약 30% 이상의 직원이 감원되었고, 정리해고도 7명 정도 되었다. 정말 피바람이 몰아쳤던 순간이다. 정리해고되고 감원된 이들은 위로금을 받고 퇴직했지만, 아직도 당시의 어려웠던 상황을 떠올리기 싫어하는 분들도 많다. 나 또한 현장에서 외환은행과의 합병 반대 투쟁에 약 2개월간 동료들과 함께했다. 정부나 민주노총에서도 우리의 의견이 합당함을 지지하기도 했다. 그러나 합병은 우리의 의지와 무관하게 일사천리로 이루어졌다.

참으로 가슴 아픈 순간이었다. 외환은행으로 합병되고 약 11년 있다가 하나은행으로 다시 합병하게 되었다. 그 와중에 직원들이 또 퇴사하고 떠났다. 서로 다른 문화적 충격도 있었다.

학창 시절에도 공부보다는 데모를 통한 투쟁이 더 많았던 기억이 난다. 그런데 직장생활을 하면서도 가족과 나의 생존권을 위해 데모할 수밖에 없었다. 1인 시위 등 많은 투쟁을 해나갔다. 한편으로는 내가 의도한 바대로 직장생활이 흘러가지 않음을 답답하게 생각하기도 했다.

약 31년의 직장생활을 돌이켜보니 가장으로서 아들로서 아버지로서 정말 사표를 쓰고 나가야 하나, 말아야 하나 기로에 선 순간이 여러 번 있었다. 그럴 때마다 나를 지켜준 것은 동료들이었다. 힘들 때마다 막걸리 한잔 기울이면서 동병상련의 마음으로 같이한 동료들이 있었기에 버틸 수 있었다. 게다가 상사를 잘 만나서 무탈하게 직장생활을 잘 마무리할 수 있었다. 아무리 나의 능력이 뛰어난들 주변에서 사고가 발생하거나 좋지 않은 일이 일어나면 연루되어 징계를 먹거나 조기퇴직을 하는 경우가 왕왕 발생한다.

군대 생활 때부터 나는 어려움이 생기면 주위에 도움을 청하곤 했다. 때로는 여행을 통해 각종 업무 스트레스를 해소하기도 했다. 태어나서 직장생활을 시작한 24세 때까지 정말 세상 물정 모르는 상태에서 집안의 맏이로서 평탄하게 지내 왔다.

그런데, 군대에서 DMZ ROTC 장교로 근무하던 24세 이후로 내가 부딪혔던 많은 것들이 가끔씩 큰 부담과 무서움으로 다가오곤 했다. 큰 어려움 없이 지내온 내가 살아가야 하는 세상은 거친 파도를 이겨내고 항해해야 하는 바다와도 같았다. 집안은 가난하여 무엇하나 풍족한 게 없었지만, 부모님과 가족의 배려로 그럭저럭 잘 버티어낼 수 있었다.

직장생활하면서 늘 승부욕과 승진 욕심, 근성으로 똘똘 뭉친 나는 항상 동기들보다 앞서야 한다는 마음이 있었다. 그래서 무엇을 하더라도, 특히 영업에 있어서 회원 유치나 대출 등에서 늘 선두에 서고자 했으며, 그 목표 달성을 위해 최선을 다했던 기억이 생생하다. 그러한 결과 포상휴가로 태어나서 처음으로 2005년 겨울 일본의 오사카, 나라, 교토를 다녀오기도 했다.

가끔씩 상사와의 마찰도 있었다. 나의 주장이 너무 강한 나머지 가끔찍 대화하다가 그 상사가 나의 선배임을 잊고 치열하게 논쟁하여 상사를 무안하게 했던 어처구니없는 일도 만들었다. 돌이켜보면 나의 주장이 너무 강해 도를 넘은 경우도 있었음을 반성한다.

20~30대의 혈기로 무엇이든 하면 된다는 사고방식이 그러한 나를 만들었는지도 모르겠다. 아울러, 승진에 신경쓰고 승진 누락에 따른 스트레스를 많이 받았다. 어떤 조직이든 피라미드처럼 최상위에 오르는 사람은 몇 안 되니 영어나 부동산, 경영학 등을 공부하면서 나의 부족한 점을 메워나갔다. 일이 잘 풀리지 않거나 승진에 누락되었을 때는 여행을 떠났다. 또한 건강을 위하여 달리기도 하고 골프도 치면서 치유의 시간을 보냈다.

아무리 능력이 뛰어나고 업무 추진이 뛰어나더라도 승진에서 밀릴 수 있다. 그럴 때는 딱 7초만 눈 감았다 다시 하늘을 본다면 그런 힘든 순간도 다 지나갈 것이다. 노력한 나 자신에게 더 나은 보상과 따뜻한 위로의 말을 꼭 해주길 바란다. 나의 '고통과 역경'을 감싸 안아줄 사람은 그리 흔치 않다. 그런 상황에서 나마저 자신을 사랑하고 위로하지 않는다면 누가 나를 위로해 줄 것인가.

직장생활에서 힘든 일이 생길 때 무조건 참으면 병이 생긴다. 평소에 독서나 음악감상, 달리기 등 각자에게 맞는 스트레스 해소법을 익혀서 슬기롭게 잘 이겨나갔으면 한다.

스트레스 해소를 위해 지나친 술과 담배는 수십 년 직장생활 후에 자칫 아픈 몸을 만들 수 있으므로 늘 경계해야 한다. 우리가 직장에 다니는 것은 돈도 벌고 자아 성취도 하는 방편임을 명심해야 한다. 지나친 기쁨과 슬픔에 대해서도 늘 조심하여 너무 기뻐하지도, 크게 상심할 필요도 없다. 자신의 감정을 조절하는 능력을 키우는 것은 아무리 강조해도 부족함이 없다.

인간이 살아가는 모습은 대동소이하다. 20~30대에 직장생활을 시작하여, 약 20년이 된 시점인 50대 초·중반이 되면 퇴직을 고려할 시기가 온다. 따라서 월급의 일정 부분을 늘 예·적금과 자산 증식에 신경을 써야만 한다. 그렇게 한다면 다른 사람들보다 재정적 안정을 이루어 승진과 인간관계에 덜 집착하게 되고, 좀 더 당당해질 수 있을 것이다.

승진하든, 조직에서 인정받아 승승장구하든 언젠가는 퇴직해야 하는 조직의 일원임을 늘 상기해야만 한다. 그러한 생각을 가지고 인생을 거시적인 시각에서 살피면서 먼저 나 자신을 어떻게 경영할 것인가, 나의 하루, 일주일, 한 달, 일 년 계획은 어떻게 세워나갈 것인가를 염두에 두고 단 하루도 허투로 보내면 안 될 것이다.

나 또한 조직에서 영업 1위도 해보고, 큰 대출을 성사시켜 성과를 이루어내기도 했지만, 퇴직한 선배님들과 같이 식사도 하고 교류하면서 퇴직 후의 삶에 대해 조언도 구하고, 그분들의 멘토링을 받는다. 그 결과 퇴직 후의 삶이 그전의 삶보다 훨씬 중요함을 배울 수 있었다.

퇴직 후에도 퇴직 전 직장의 후배들에게 가능한 범위 내에서 도울 수 있는 부분이 있으면 서로 돕고 사는 것이 보람찰 것이다.

현) SGI서울보증 역삼 하나대리점 대표, 대학교수, 가천대 경영학 박사(Ph.D)
전) 외환카드, 외환은행, 금융감독원(3년 파견), 하나은행 근무

인적 자산은 돈으로 살 수 없다

김귀동(전자학과 81학번)

　1984년 국내 대기업에 입사하여 26년 동안 재직하면서 인적 네트워크의 중요성에 대해 고민해 본 적이 한 번도 없었다. 잘 갖춰진 시스템 속에서 시스템이 요구하는 방식을 따라가기만 모든 일이 어려움 없이 처리되었고 나름 갑의 위치이다 보니 거래처와의 소통도 별다른 문제를 느끼지 못했다.
　그러나 또다른 원대한 꿈을 품고 안정된 대기업을 벗어나 중소기업에 재취업하면서 그동안 경험해 보지 못한 기술영업이라는 일에 발을 내딛게 되었다. 기술영업이란 대기업, 중기업, 소기업을 막론하고 내가 속한 회사가 가진 기술의 차별성을 설명하고 신규로 거래를 트는 경쟁이 치열한 업무 중 하나였다.
　많은 사람을 찾아 다니면서 명함을 주고받고, 회사와 기술에 대한 소개도 하고, 다음 미팅 약속도 잡아야 하고, 상대에게 나에 대한 좋은 이미지도 각인시켜야 하니 그야말로 하나하나 전개되는 일들이 나에게는 너무 힘든 여정이었다. 공들인 노력에 비해 그 결과는 기대치 이하로 연결되어 또 다시 퇴직이라는 쓰라린 생채기를 안게 되었다.

참 고민이 많았다. 타인을 내 사람으로 만들기 위해 어떤 노력을 기울여야 할까? 나의 진심을 어떻게 전달해야 할까? 그런 고민 속에서 지난 삼 년 동안 주고받은 명함을 정리하면서 한 사람, 한 사람 떠올려보기 시작했다. 보관하고 있는 700장 내외의 명함 중 내게 선명한 기억을 남겨준 사람이 거의 없다는 것을 알고는 온몸에 소름이 돋았다.

만약 필요해서 찾았던 사람들에게 내가 특별한 인상을 남기지 못하고 그 사람들에게 그냥 한 번 만나주는 대상, 귀찮은 사람, 다시는 만날 필요가 없는 사람이라는 느낌을 주었다면…. 그들이 나를 새로운 비즈니스 상대로 자리매김해 준다는 것은 거의 희박한 확률이었을 것이고, 그런 결과가 나에게 두 번째 퇴직이라는 뼈아픈 선물을 돌려주었다는 결론에 도달하게 되었다. 그들이 나를 기억하고 나의 진심을 알아주도록 하려면 어떤 노력을 기울여야 할까? 어떤 차별적인 방법으로 접근해야 할까?

고민에 고민을 거듭한 결과 세 가지 행동강령을 정하고 반드시 실천하기로 다짐했다.

1. 내가 먼저 공부하자.
2. 명함을 받은 사람에 대해서는 최소 2년은 관리하자.
3. 절대로 직접적인 비즈니스에 대한 언급은 하지 말자.

이 세 가지 행동강령을 세우고 바로 서점에 가서 동기부여와 꿈과 비전, 리더십에 관한 책을 종류별로 구입하여 하루에 2~3페이지를 읽으며 중요한 문구를 정리하고 내 느낌을 댓글로 달아 그동안 만났던 사람들에게 공유하기 시작했다.

> 욱하는 마음이 들 때는 우물쭈물하라.
>
> 우물쭈물은 욱하는 성질을 못 이겨 사고가 늘어나고 있는 우리 사회에 있어서 필요한 화두가 아닐까 생각한다. 우물쭈물은 '강한 자가 이긴다'는 그릇된 인식이 만연한 현재의 사회에서 우리가 지녀야 할 미덕이 아닐까 생각한다. 대화할 때 상대방의 말에 즉각 반응하는 대신에 상대방의 말을 끝까지 들으면서 우물쭈물해 보면 어떨까? 우물쭈물하면 욱하고 치미는 감정을 다스릴 수 있지 않을까?
> - 김범준 《왜! 욱하세요?》에서 발췌
>
> 우물쭈물은 망설이는 자세로 보일 수도 있겠지만, 한편으로는 경청을 위한 자세로도 볼 수가 있습니다. 차분히 자신의 감정을 추스르고 생각을 정리하는 우물쭈물의 자세는 상대방을 배려한 최고의 대화법이지 않을까요?

공유를 시작하면서 일부 사람은 "이런 유의 메일은 사양합니다"라는 거절의 답장을 보내기도 했지만, 대부분의 사람은 하루를 의미 있게 시작할 수 있도록 동기부여를 해줘 감사하다는 답장을 주었다.

물론 내가 정한 행동강령에 따라 메일을 보내면서 비즈니스적인 내용을 금기시하는 것은 꼭 지켰다. 그리고 3개월이 지난 후부터는 하루하루 변해가는 주변 환경의 모습, 그날의 내 기분을 솔직하게 표현하는 문구, 어떨 때는 잠시 차를 세우고 기억에 남을 것 같은 주변

전경을 촬영하고, 그저 그런 일상적인 일들과 기분도 함께 공유하게 되었다.

그렇게 시간이 흐르다 보니 "어떨 때는 오늘 메일은 자기의 기분을 정확히 대변해 주어 감사하다, 출근길 봄꽃이 너무 예뻐 힐링이 된다, 오늘이 입추인 것을 알려줘 고맙다"라는 답들을 자주 받게 되었다.

이렇게 하루하루의 일상을 공유하면서 지내온 시간도 벌써 십 년을 훌쩍 넘기고 있다. 그동안 읽은 책이 족히 수십 권은 넘었으니 내가 공부하자는 약속은 어느 정도 지킨 것 같다. 나의 이런 오지랖을 부지런함으로 해석해 기억해 주고 중요한 비즈니스 상대로 자리매김한 사람들도 많이 생겨났다.

우리는 언제 어디서 어떤 일을 할지, 어떤 사람을 만날지 알 수 없다. 그러나 언제 어디서 어떤 일을 어떤 사람과 하든, 그 사람과의 관계가 성공을 좌우하는 중요한 인자임을 절대 잊지 말아야 한다.

그러기 위해서는 한 번 명함을 받았다면 그 사람을 평생 고객으로 삼는 마음을 가져야 하며, 그 사람에게 나를 기억하게 할 수 있는 나만의 노력이 절실히 요구된다.

 인적 자산은 돈으로 살 수 없다. 우리들의 진실된 마음과 성실한 태도가 상대에게 진심으로 전달될 때 자연히 축적되는 것이다.

현) 에이에스티홀딩스 본부장
전) 삼성전자 개발팀 수석, ㈜성지산업 연구소장, ㈜케티아이 대표

공정한 인사고과

김성태(법학과 73학번)

재학생 후배들을 위한 조언이라면 장래의 진로 설정이나 취업 지원에 관한 내용이 더 적절할 것 같다. 하지만 주어진 과제가 직장 내 경험담을 요구하는 듯하여, 미흡하나마 내 경험을 나누고자 한다.

나는 성실한 직장생활을 했고, 해외주재원 경험도 있었으며 어학 성적도 우수했다. 그래서 빨리 부서장이 될 줄 알았지만, 현실은 그렇지 않았다. 겉으로 드러나지 않는 듯했지만, 소위 서울 명문대 중심의 학연도 없지 않았을 것이다. 무엇보다 '눈치코치'라는 것이 매우 중요한 요소라는 사실을 뒤늦게 깨달았다.

중동 지역의 대규모 프로젝트 현장에서 나는 최연소 총각 과장이 되었다. 근로자들은 12개국에서 온 천 명 가까운 인원이었다. 다행히 영어로 의사소통하는 데 문제가 없어서 많은 사건·사고도 잘 처리하며 4년간의 업무를 무난히 수행했다.

그러다 보니 결혼이 늦어져 국내로 돌아와 자리 잡게 되었는데, 주변에서는 질투 반, 견제 반의 시선이 있었고 부서장 진급에서 밀리기도 했다. 상사에 대한 서운한 마음도 없지 않았다. 조직에서는 윗사람뿐만 아니라 아랫사람과의 관계도 매우 중요하다는 것을 새삼 깨달았다.

다행히 너무 늦지 않게 부서장이 되어 약 스무 명 이상의 부하 직원들을 관리하게 되었다. 내 밑으로는 차장 한 명, 과장 한 명, 과장대리 다섯 명, 그리고 나머지 평사원들이 근무했다. 반년마다 부하들에 대한 인사고과를 매겨야 했는데, 최대한 공정한 평가를 하기 위해 매번 고심에 고심을 거듭했다.

전자공학을 전공한 박 대리는 과장 진급을 앞두고 있었다. 업무능력이나 동료와 상사에 대한 예의범절, 그리고 일본어 실력까지 출중해서 단연코 A 고과를 주었다. 기술적으로는 물론 인간적으로도 뛰어난 박 대리는 과장 진급 후 얼마 안 가 일본으로 건너가 창업을 했다. 일본의 대기업을 상대로 한 소프트웨어 사업에서 큰 성공을 거두었다. 후에 내가 일본에 출장 갔을 때도 옛 동료로서 반갑게 만나 즐거운 대화를 나눌 수 있었다.

일 잘하고 나와 친숙하던 이 대리는 똑똑하고 업무에 능숙할 뿐만 아니라 알고 보니 친구의 친척 동생이기도 해서 각별히 아끼고 있었다. 반면 정 대리는 왠지 업무에 소극적이고 의기소침해 보였다. 말하자면 정 대리는 낙오 일보 직전이었다. 나는 정 대리에게 사기 진작 차원에서 B급이라는 높은 고과를 주었다.

상대평가제였기에 모두에게 A나 B급의 높은 고과점수를 줄 수는 없었다. 그래서 평소 믿는 사이인 이 대리에게 C급의 점수를 주면서

양해를 구했다. 대신 이 대리에게는 해외 파견의 기회를 주었으며, 다음 인사고과에서는 꼭 높은 점수를 주겠다고 약속했다.

그런데 이는 팀장으로서의 실수였다. 이 대리는 그때까지 단 한 번도 B급 아래의 인사고과를 받아본 적이 없는 우수한 직원이었다. 믿었던 팀장에게서 처음으로 C급 고과를 받아본 그의 실망은 말로 다 할 수 없었을 것이다. 지금도 나의 오판을 생각하며 이 대리에 대한 미안한 마음을 금할 수가 없다.

이런 느낌은 이후 내가 대기업을 명예퇴직하고 대학과 대학원에서 강의를 할 때도 경험했다. 당시 나는 석사 과정 야간부와 학부 3학년 과목을 강의하고 있었다. 나이 들어 공부하기가 얼마나 어려운 일인가. 군청의 사무관과 계장들, 그리고 모범 농부와 자영업자 등 사회인들이 학기말 시험을 치를 때 나는 오픈북을 허용하며 그들이 되도록 답안지에 충분한 답을 적도록 배려했다.

그리고 절대평가제인 대학원 학생들의 성적은 99점부터 98점, 97점 등 되도록 높은 점수를 주었으니 아무도 불만이 없으리라 생각했다. 그런데 뜻밖에 이의를 제기하는 사람이 있었다. 똑같이 야간에 고생하며 출석도 다 했는데 왜 누구는 나보다 1점이 더 높고 나는 1점이 더 낮으냐는 것이었다. 이런 참. 차라리 둘 다 90점을, 아니 어쩌면 둘 다 80점을 주었더라면 아무 탈이 없었을 것인데…. 그때의 당혹한 마음이란 이루 말할 수가 없었다.

진짜 내가 잘못한 일은 3학년 여학생 권 양에 대해서였다. 강의실에는 학점을 놓치고 3학년 과목을 다시 듣는 4학년 남학생들이 다수 있었다. 제대 후 복학한 그들은 취업을 앞두고 초조한 기색이 적지 않았다. 그래서 나는 복학한 4학년 학생들에게 A 학점을 많이 주었다. 그러자 권 양에게는 A 학점을 주지 못하고 89점 B 학점을 줄 수밖에 없게 되었다.

성적표가 가정에 배달된 뒤 권 양에게서 전화가 왔다. "교수님, 제 답안지에 무엇이 잘못되었기에 제 학점이 A가 아니고 B인가요?" 나는 권 양의 답안지를 다시 보니 과연 권 양의 답안지에는 아무런 하자가 없었다. 그야말로 모범학생의 모범답안이었다.

공부를 잘못해서 강의를 다시 듣는 선배 때문에 그때까지 전 학년, 전 과목 A 학점, 전면 장학생이던 권 양에게 불이익을 주다니. 권 양에게 취업을 앞둔 제대복학생을 배려하다가 자네에게 잘못했다고 사과와 함께 변명을 했다. 대학 생활 처음으로 A 학점을 놓친 권 양의 답변은 이러했다.

"교수님, 복학생 오빠들 때문에 그러셨다구요? 잘 이해하겠습니다. 너무 괘념하지 마세요."

그래, 자네가 스승이고 내가 학생이다. 나는 딸 같은 여학생으로부터 많은 것을 배웠다.

이런 경험들을 통해 나는 인사평가와 성적 평가의 어려움을 깊이 깨달았다. 공정하고 객관적인 평가를 하려 노력했지만, 때로는 의도치 않게 누군가에게 불이익을 주게 되는 경우도 있었다. 이는 관리자나 교육자로서 항상 고민해야 할 문제라고 생각한다.

또한 조직 생활에서 능력만큼이나 중요한 것이 인간관계와 소통 능력이라는 것을 배웠다. 눈에 보이지 않는 학연이나 인맥의 영향력, 그리고 '눈치코치'의 중요성은 실제 직장 생활에서 무시할 수 없는 요소들이다.

해외 근무 경험을 통해 글로벌 환경에서의 적응력과 언어 능력의 중요성도 깨달았다. 다양한 국적의 사람들과 협업하며 문화적 차이를 극복하고 효과적으로 의사소통하는 능력은 현대 사회에서 매우 중요한 자질이다.

마지막으로, 겸손과 배움의 자세를 잃지 않는 것이 중요하다는 것을 알게 되었다. 관리자 위치에 있더라도 때로는 부하직원이나 학생들로부터 배울 점이 많다. 권 양의 사례처럼, 우리는 예상치 못한 순간에 값진 교훈을 얻을 수 있다.

이러한 경험들은 나에게 큰 교훈이 되었고, 이후의 직장 생활과 교육자로서의 삶에 많은 영향을 미쳤다. 후배들에게 이 경험담이 조금이나마 도움이 되기를 바란다.

1993 경남신문 신춘문예 당선, 소설가, 번역문학가, 경북대 총동창회 부회장
현) 대구북구문협 회장, K펜문학회 회장, 대구가톨릭대 산학교수

약속의 중요성

김희철(무역학과 81학번)

1987년 8월, 정부가 해외 수출을 적극 장려하던 시기에 나는 사회생활의 첫발을 내딛었다. 대학에서 무역학을 전공한 나는 LG그룹 연수를 마치고 배치를 기다리는 순간, 긴장된 마음으로 내 이름이 호명되기를 기다렸다. 다행히도 나는 LG전자 해외사업부 수출 담당으로 배치되었고, 해외지사망이 많은 회사라는 점에 안도의 한숨을 쉬었다.

첫 직장생활을 시작하며 나는 대학에서 배운 무역 지식을 최대한 활용해 보리라 다짐했다. 하지만 현실은 학교에서 배운 것과는 사뭇 달랐다. 특히 수출 통관절차에서 그 차이를 실감했다. 이론상으로는 수출면장 허가가 떨어진 후에 통관 물품이 이동되어야 하는데, 실제로는 허가 전에 물품이 선 출고되는 경우가 많았다. 이는 서류상의 절차와 실제 물품 이동의 순서가 뒤바뀐 것으로, 학부에서 배운 무역실무와는 상당한 괴리가 있었다.

약 40년 전 당시 세관에서 세관공무원과 수출통관 업무를 처리할 때면 늘 갑을관계에서 오는 스트레스에 시달렸다. 하루하루가 고통스러웠고, 때로는 세관공무원과의 저녁 식사 비용을 회사 경비가 아닌 사비로 충당해야 하는 경우도 많았다. 이런 상황들이 쌓이면서 나의 자존감은 점점 낮아졌고, 직장인으로서의 나 자신이 한심하게 여겨지기 시작했다.

그러던 중 은행이나 증권사에 다니는 대학 친구들의 근무 환경이 눈에 들어왔다. 그들은 나보다 높은 급여를 받으면서도 근무 시간은 더 짧고, 근무 환경도 제조업에 비해 훨씬 나아 보였다. 당시 주식 열풍이 불면서 증권사로 이직 바람이 거세게 불었고, 내가 속한 조직에서도 많은 이들이 증권사로 옮겨갔다.

나 역시 그 흐름에 휩쓸려 증권사로 이직했다. 새로운 직장은 이전과는 전혀 다른 환경이었다. 깨끗한 사무실, 좋은 분위기 속에서 만족스러운 나날을 보냈다. 하지만 이런 안락한 생활 속에서도 나는 중요한 교훈을 얻게 되었다.

어느 날 A 회사 대표와 사전에 약속을 잡았다. 그러나 약속 당일 교통 체증으로 인해 30분이나 늦게 도착하고 말았다. 계약을 진행하려 했지만 사장은 단호하게 거절했다. 그는 약속 시간의 중요성을 강조하며 30분의 지각이 다른 중요한 약속들을 연쇄적으로 지연시키거나 취소시킬 수 있다고 설명했다. 결국 그날의 계약은 무산되었다.

이 사건은 나에게 큰 충격이었다. 마치 머리를 망치로 한 대 얻어맞은 듯한 기분이었다. 그 후로 나는 약속 시간을 철저히 지키려 노력했고, 다른 이들의 시간 개념도 주의 깊게 관찰하며 그들의 인품을 판단하는 기준으로 삼았다.

현재 나는 중소기업을 지원하는 이노경영기술원이라는 경영기술 지원 컨설팅 회사를 운영하고 있다. 수많은 기업인들과 만나 다양한 분야의 미팅을 진행하면서 나는 항상 약속 시간의 중요성을 명심하며 상담을 이어가고 있다.

이러한 경험들을 통해 나는 직장생활에서 약속의 중요성을 깊이 깨달았다. 약속을 지키는 것은 단순히 시간을 맞추는 것 이상의 깊은 의미를 지닌다. 이는 상대방에 대한 존중심을 보여주고 자신의 신뢰성을 입증하는 중요한 지표로 작용한다. 약속을 성실히 지키는 사람은 동료와 상사로부터 자연스럽게 신뢰를 얻게 되며, 이러한 신뢰는 어떤 조직에서 든 가장 귀중한 자산 중 하나로 여겨진다.

더불어 약속을 지키는 습관은 개인의 전문성과 책임감을 드러내는 척도가 된다. 이는 단순한 시간 관리 능력을 넘어서, 자신의 업무와 타인의 시간을 존중하는 태도를 반영하는 것이다. 조직의 모든 구성원이 약속을 지킬 때, 업무 효율성이 크게 향상되며 프로젝트의 원활한 진행과 목표 달성이 용이해진다.

약속을 지키는 문화는 좋은 팀워크의 근간이 되어, 팀원들 간의 깊은 신뢰와 존중을 바탕으로 협력을 강화하고 더 나은 결과물을 창출하는 데 기여한다. 또한 약속을 지키는 것은 업무 지연으로 인한 스트레스를 줄이는 데 도움이 된다. 지각이나 약속 불이행은 본인뿐만 아니라 관련된 모든 이들에게 불필요한 스트레스를 초래할 수 있기 때문이다.

신뢰할 수 있는 직원으로 인정받게 되면 승진의 기회도 자연스럽게 늘어나게 된다. 약속을 잘 지키는 사람은 책임감 있는 리더로 성장할 가능성이 높다고 평가받기 때문이다. 궁극적으로 약속을 준수하는 문화는 긍정적인 직장 분위기를 조성하는 데 크게 기여한다. 모든 구성원이 약속의 중요성을 인식하고 실천하는 조직은 전반적인 업무 성과와 구성원들의 만족도가 높아지는 것을 경험하게 된다.

이처럼 약속을 지키는 것은 개인의 성장과 조직의 발전에 있어 핵심적인 요소로 작용한다. 시간을 존중하고 약속을 지키는 문화를 조성함으로써, 우리는 더 효율적이고 신뢰할 수 있는 직장 환경을 만들어 나갈 수 있다.

경험을 통해 배운 이 교훈들은 지금도 내 생활의 근간이 되고 있다. 약속 시간을 지키는 것은 단순한 예의를 넘어 전문성과 신뢰성을 보여주는 중요한 요소다. 이는 개인의 성공뿐만 아니라 조직의 성과에도 크게 기여한다.

앞으로도 나는 이 원칙을 지키며, 나와 함께 일하는 모든 이들에게도 이 가치의 중요성을 전파하고자 한다. 약속의 중요성을 인식하고 실천하는 것이야말로 성공적인 직장생활의 핵심이라고 확신하기 때문이다.

현) 이노경영기술원 대표이사, 전) 하나증권 근무, 경운대학교 겸임교수

인사의 힘
성공적인 직장생활의 열쇠

이승도(전자과 81학번)

　신입사원 시절 구매부 직원이 부서 회의에서 자기네 부장이 나의 이야기를 했다고 전해 주었다. 이름을 모르니 "그 인사 잘하는 직원 있지?"라고 언급했는데, 가만 들어보니 나에 대한 이야기였다고 한다. 40년 가까이 지난 지금도 그 일화가 생각난다. 내가 인사를 잘했는지 정확히 기억나지 않지만, 그런 이야기가 나온 걸 보면 당시에는 인사를 잘했던 것 같다. 세월이 흐르며 많은 것이 변했지만, 인사의 중요성은 변하지 않았다.
　회사생활이나 사회생활에서 인사는 가장 중요한 요소 중 하나임이 분명하다. 첫인상이 좋지 않으면 그것을 개선하는 데 많은 노력과 시간이 필요하다. 인사는 가장 비용이 적게 들면서도 효과적인 투자다. 요즘 젊은 사람들이 인사를 잘하지 않는다고 하니, 인사를 잘하는 것도 신입사원에겐 직장생활을 잘하기 위한 신선한 방법이 될 수 있다. 인사가 생활화되어야 언제나 자연스럽고 적절하게 할 수 있다.

사람을 골라서 인사하지 말고 나와 접하는 모든 사람에게 인사하는 것이 좋다. 출근하여 청소하는 아주머니나 경비원 아저씨와 인사로 하루를 시작하고, 사무실에서 상사를 만났을 때 소리 내어 고개 숙여 인사하며, 복도에서 다시 만났을 때는 고개만 살짝 숙이는 정도로 계속 인사하면 상사는 존중받는 느낌을 받게 될 것이다. 반갑게 인사하는 직원과 쑥스러워서 고개 돌리는 직원 중에 누가 더 호감이 가고 가까이 다가가고 싶겠는가? 당연히 마음에 끌리는 직원과 함께하고 싶고, 더 많은 혜택을 주고 싶을 것이다.

경상도 출신은 감사의 표현이나 인사에 다소 인색한 면이 있다. 같이 대화해 보면 마음은 그렇지 않다고 한다. 그러나 표현하는 것이 더 중요하다고 생각된다. 직장이나 사회생활을 통해서 서로를 깊이 이해하거나 그 사람의 입장을 충분히 알 수 있는 시간과 기회가 적다. 그래서 나를 이해해달라고 할 수 없는 경우도 많다. 나중에 깊이 이야기하다 보면 충분히 이해가 가거나 오해했던 경우가 많다. 처음부터 좋은 인상을 주는 것이 중요하며, 그러한 긍정적 첫인상을 바탕으로 자신의 진정성 있는 인품과 깊이 있는 성품을 드러내며 상대방과의 관계를 발전시켜 나가는 것이 바람직하다. 이는 단순히 표면적인 예의를 지키는 것을 넘어서, 진심 어린 존중과 배려의 자세로 타인을 대하는 것을 의미한다.

나는 재학생과 관계를 많이 가지려고 노력해 왔다. 여러 동아리를 다양한 방법으로 후원했고, 몇 명의 후배들을 서울 전시회나 해외 전시회에 전액 또는 일부 비용을 지원해 준 적도 있었다. 투입된 노력과 비용은 상당히 많았다. 후배들의 반응이 매우 실망스러울 때도 있었고, 때로는 화가 나기도 했다. 그러나 그런 경우를 많이 겪다 보니 마음의 준비가 되어 있어서 이젠 실망스럽지 않다. 그런 도움을 받을 때 감사의 표현을 적절히 했다면 나는 더 기분 좋게 후원했을 것이다. 다른 동문들이 그런 상황이 되면 실망하고 돌아설까 걱정되기도 한다.

이는 졸업한 선배들도 같다. 최선을 다해 지원했는데, 그에 대해 전혀 그런 고마움을 느끼지 못하는 경우를 많이 본다. 물론 일부 동문은 고마움을 표현하고, 만날 때마다 인사하는 경우도 있다.

그런데 그와 반대인 경우를 동문이 아닌 분들에게서 많이 경험한다. 작은 도움에도 무안할 정도로 감사의 표현을 한다. 예를 들면 서강MBA 동문회장으로 2년간 봉사할 때 최선을 다해 활동했는데, 회장이 바뀔 때마다 대를 이어 감사 표시를 해주었다. 그러다 보니 지금도 그들이 원하는 것이 있으면 솔선수범해서 돕고 싶은 마음이 든다. 이는 모든 사람이 공통으로 느끼는 감정일 것이다.

회사에서는 선배들에게 많은 것을 배워야 한다. 사소한 지도를 받을 때마다 고맙다고 인사하고, 자판기에서 커피를 뽑아주며 감사의 표현까지 한다면 그 선배는 감동해서 다음에도 성심성의껏 하나라도 더 가르쳐주려고 할 것이다. 상사가 진급을 시켜주거나 좋은 기회를 주었을 때 감사의 마음을 담아 과일이라도 집으로 보내주면 얼마나 기분 좋을까? 진급할 때가 되었으니 당연히 진급했다고 생각하며 감사한 마음이 없다면 상사는 어떻게 생각할까? 상사는 부하직원이 잘되게 하는 것은 어려워도 잘못되게 하는 것은 충분히 할 수 있다.

LG전자의 경영진끼리 하는 말이 있다. "실적이 나쁘더라도 살아남을 수 있지만, 의전을 잘못하면 살아남지 못한다." 이 말의 의미를 마음에 새길 필요가 있다. 실력은 거의 비슷하다고 본다. 같은 환경에서 실적을 내기는 매우 어렵다. 그러나 윗사람에게 잘못 보이면 실력과 상관없이 피해 볼 수 있다.

어느 학교를 방문한 적이 있는데 복도에서 만난 학생이 고개를 숙이며 "안녕하세요?"라고 한다. 갑자기 기분이 좋아졌다. 엘리베이터에 탔는데 한 학생이 나에게 먼저 타도록 엘리베이터를 잡아주었다. 엘리베이터를 탔는데 먼저 탄 학생이 고개 숙이며 인사했다. 학생들이 보여준 예의 바른 행동에 감명을 받아, 나는 이 학교에서 인사 예절을 특별히 교육하고 있는지 궁금해졌다. 학창 시절부터 이렇게 인사를 자연스럽게 하는 이들은 분명 사회생활도 잘할 것이다.

전자과 '동문 특강'을 매주 5년간 진행할 때, 서울에서 내려갈 동문이 급한 일로 강의하지 못하면 내가 내려가서 '인사를 잘하자'라는 제목으로 강의했다. 인사는 가장 효율적인 직장생활 방법이다. 이를 통해 좋은 인상을 남기고, 상대방의 마음을 열며, 더 나은 관계를 만들어갈 수 있다. 인사는 작은 노력으로 큰 효과를 얻을 수 있는 가장 스마트한 커뮤니케이션 도구라고 할 수 있다.

현) ㈜휴먼포커스 대표, 전) 에릭슨LG 상무

선입견은 성공의 적
-틀린 게 아니라 다른 것이다

임종식(지산)(고분자공학과 86학번)

　직장은 우리 인생의 대부분을 차지하는 중요한 무대다. 많은 이들에게 성공의 가장 큰 무대이며, 생활하는데 꼭 필요한 돈을 받고 미래를 보장하는 곳이기도 하다. 사람들은 서로의 직장으로 우위를 나누기도 한다. 좋은 직장은 개인의 사회적 위치를 규정한다. 심지어 결혼에도 큰 영향을 미치며, 대기업과 중소기업의 차이는 사회적 차별과 선입견을 만들어내기도 한다.
　이렇게 중요한 직장에서 성공적으로 안착하고 성공을 이루려면 어떻게 해야 할까? 가장 중요한 것은 함께 일하는 사람들이다. 직장의 모습을 들여다보면 결국 사람으로부터 시작해 사람으로 마무리된다. 그들이 나의 직장생활을 즐거운 놀이터로 만들기도 하고, 괴로운 지옥으로 만들기도 한다.
　직장 조직은 크게 세 부류의 사람들로 이루어진다. 상사, 동료, 부하직원이다. 그중 동료는 처음 몇 년간은 대부분 서로 의지하고 위로

하는 대상이지만, 시간이 지나면서 승진과 능력의 경쟁자로 변하기도 한다. 부하직원은 상대적으로 스트레스가 적은 편이다. 물론 무능하거나 게으른 부하는 괴롭긴 하지만, 지도나 교육을 하거나 직접 제재를 가할 수 있다. 이런 관계가 지나치면 나쁜 상사들이 스트레스 해소 대상으로 삼을 수도 있다.

결국 직장생활의 가장 큰 스트레스 요인은 바로 상사다. 상사는 크게 두 가지 유형으로 나눌 수 있다. 능력 있는 상사와 무능한 상사다. 두 유형 모두 내가 선택할 수 없이 주어지는 상황이며, 무능하다고 해서 내가 교육하거나 제재를 가할 수 있는 대상이 아니다. 그 스트레스의 모든 것은 오로지 내가 감당해야 한다.

직장생활의 성공은 바로 이 두 유형의 상사를 어떻게 대하느냐에 달려있다. 성공하려면 이 두 사람 모두를 내 편으로 만들어야 한다. 내가 이 두 사람을 모두 좋아해야 하고, 이 두 사람도 나를 좋아해 주어야 한다.

이제 내 첫 직장에서의 경험을 나누고자 한다. 연수 후 계열사의 무역부서에 배치받았을 때 첫 상사로 만난 이는 류 과장이었다. 엄밀히 말하면 2년째 승진에 밀려서 꼬리표를 못 뗀 과장대리였다. 그는 늘 우왕좌왕하며 눈치도 별로 없었다. 누구에게나 질문도 거의 하지 않고 잘 어울리지도 못했다. 퇴근하지 않고 혼자서 야근하는 날이 많았지만, 도대체 무엇을 하는지 알 수 없었다.

부장님이 지시하면 서서 듣기만 하다가 돌아왔다. 가끔씩 부장실에서 인격 모독적인 비난을 듣기도 하고, 때론 고함치는 소리가 밖으로 새어 나오기도 했다. 그런 일을 당한 날은 얼굴이 벌겋게 상기되어

굳은 표정으로 부장실에서 나와 곧바로 담배를 피우러 갔다. 몇 분 후 담배 냄새를 풍기며 자리로 돌아오면 여직원들도 고개를 돌리는 게 보였다.

답답했다. 아니, 처량하고 불쌍하게 느껴졌다. 사소한 업무도 지시하지 않고 본인이 직접 하는 편이었다. 조직을 활용할 줄 모르는 듯했다. 매일 야근으로 혼자 끙끙대며 하는 게 습관이 된 듯했다. 뭔가를 아주 열심히 하는데 성과는 없고 늘 면박만 당했다.

아주 가끔 내게 업무를 지시할 때는 무슨 말을 하는지 알 수가 없었다. 구두로 지시하면서 핵심이 없고 장황했다. 답답하여 내가 질문하면 그 대답이 오히려 혼란스러웠다. 질문을 괜히 했다는 생각이 들었고, 한숨이 나왔다.

고민 끝에 나는 '피할 수 없으면 즐겨라'라는 말을 따르기로 했다. 류 과장의 일을 내가 적극적으로 도우면서 해결하고, 성과의 결과물은 그의 성과로 돌리기로 마음먹었다. 과장대리의 꼬리표를 떼어줄 수 있기를 바랐다.

류 과장과 저녁을 함께하며 개인적인 이야기를 나누었다. 정말 약하고 순한 사람이었다. 일을 나누어주면 내가 최선을 다해 성과를 만들겠다고 이야기했고, 조금씩 위임받아 처리하며 일을 성공시켜 나갔다. 부장님도 조금씩 류 과장을 칭찬하기 시작했다. 함께한 일을 류 과장의 성과로 온전히 돌린 덕분이었다.

류 과장은 점점 나를 전적으로 신뢰했고, 본인도 부장님의 칭찬과 성과에 자주 기분이 좋아 보였다. 일 년 후 그는 꼬리표를 떼고 다른 부서의 책임자로 이동했다.

두 번째 상사로 만난 이는 장 과장이었다. 안경 너머로 보이는 눈빛이 똑똑해 보였고, 동기들보다 일 년 앞서 승진한 능력자라는 소문이 자자했다. 그는 출근과 동시에 부장실로 직행해 부장님과 모닝커피로 하루를 시작했다. 대화가 길어지는지 웃음소리가 간간히 새어나왔고, 희미하게 골프 이야기와 술자리 이야기도 들려왔다.

장 과장은 위층 다른 부서의 부장들과도 친밀하게 지냈고, 퇴근 한 시간 전에야 돌아와 업무를 지시하곤 했다. 나는 조심스레 그에게 저녁 시간을 요청했고, 최대한 낮추며 진심으로 직장의 미래를 부탁했다. 잘 가르쳐만 주시면 누구보다도 최선의 성과를 내겠다고 읍소했다.

그는 여러 부서나 외부 고객사의 핵심 인물들과 막역한 관계를 형성하고 있었다. 장 과장은 나를 비서처럼 대내외로 데리고 다녔고, 그를 통해 어떤 일이든 관계를 통해 쉽게 처리하는 방식을 배웠다. 핵심 정보와 인맥을 동원하여 단시간에 성과를 만들어내는 그의 방식을 익혔다.

그는 고속 승진을 거듭하여 부장이 되었고, 나도 덕분에 성과를 인정받으며 즐거운 직장생활을 이어갈 수 있었다. 나는 과장 승진과 거의 동시에 독립하여 창업했고, 어느덧 25년째 사업을 이어가고 있다.

돌이켜보면 이 두 사람의 극단적으로 다른 점이 나에게는 엄청난 공부가 되었다. 두 사람 모두에게 신뢰와 인정을 받을 수 있었던 나의 행동이 결국 나를 더 크게 성장시켰다. 직장에서의 즐거운 생활과 일의 성과도 매우 만족스러웠고, 덕분에 창업에 자신감도 가질 수 있어 결국 가장 큰 수혜자는 내가 된 것이다.

세상은 다양한 사람들로 이루어져 있다. 그 안에서 우리는 서로 다른 성격과 가치관을 가진 이들과 마주하게 된다. 이러한 현실 속에서 모든 사람이 나를 좋아하거나, 내가 모든 사람을 좋아하는 것은 불가능하다. 이는 인간관계의 자연스러운 모습이며, 현명한 사람이라면 이러한 상황을 있는 그대로 받아들인다.

이 두 가지 상황을 인정하는 것은 자신과 타인에 대한 이해의 시작점이 된다. 모든 사람과 완벽한 관계를 유지할 수 없다는 것을 받아들이면, 오히려 마음의 여유가 생기고 더 객관적인 시각으로 상황을 바라볼 수 있게 된다. 이러한 인식은 우리로 하여금 더 효과적인 대응 방법을 찾도록 이끈다.

흥미롭게도 이러한 대응 방법은 때로 우리가 생각하는 것보다 훨씬 간단할 수 있다. 복잡한 전략이나 계획 대신 상대방을 있는 그대로 인정하고 존중하는 태도, 진실된 소통, 그리고 자신의 역할에 최선을 다하는 모습 등이 그 해답이 될 수 있다. 이는 단순해 보이지만, 실천하기 위해서는 꾸준한 노력과 진정성이 필요하다.

이러한 접근 방식을 일관되게 실천하다 보면 자연스럽게 타인의 신뢰를 얻게 된다. 신뢰는 하루아침에 쌓이는 것이 아니라 시간을 두고 조금씩 쌓여가는 것이다. 타인을 존중하고 자신의 역할에 충실한 모습은 결국 주변 사람들로 하여금 당신을 신뢰할 만한 사람으로 인식하게 만든다.

이렇게 쌓인 신뢰는 개인의 성공으로 이어진다. 여기서 말하는 성공은 단순히 외적인 성취나 승진만을 의미하는 것이 아니다. 그것은 좋은 인간관계, 일에 대한 만족감, 개인적 성장 등을 모두 포함하는 총체적인 개념이다. 타인과의 관계에서 얻은 신뢰는 업무 수행에 있어서의 협조, 새로운 기회의 제공, 그리고 개인의 역량 발휘를 위한 지지 등으로 이어져 궁극적으로 성공이라는 결실을 맺게 된다.

이러한 과정을 거쳐 얻은 성공은 단순한 우연이나 행운의 결과가 아니다. 그것은 현실을 있는 그대로 받아들이고, 그 안에서 최선의 방법을 찾아 꾸준히 노력한 결과다. 나는 이러한 접근 방식이 실제로 효과가 있다는 것을 직접적인 경험을 통해 확신하게 되었다.

모든 이들이 이러한 지혜를 깨닫고 실천하여 각자의 삶에서 멋진 성공을 이루기를 진심으로 바란다. 성공의 형태와 크기는 사람마다 다를 수 있지만, 타인과의 관계 속에서 신뢰를 쌓고 그것을 바탕으로 자신의 잠재력을 최대한 발휘하는 것, 그것이 바로 진정한 성공의 모습일 것이다.

현) 플렉스인㈜ 대표이사

직장생활에서 살아남는 '팔로우십'

최영환(식품자원경제학과 02학번)

나는 2008년부터 프랜차이즈 회사에서 약 17년간 직장생활을 해오고 있다. 직장생활 중 한 번 이직했고, 첫 번째 회사에서 약 6년 반, 현재 두 번째 회사에서 10년째 근무 중이다. 17년 직장생활에서 최연소로 영업팀장이 되었고, 승진도 빠르게 하여 현재 '부장' 직급을 달고 있다. 17년간 직장생활에서 살아남을 수 있었던 비결을 한마디로 요약한다면 '팔로우십'이다.

빵돌이가 되다

대학 졸업 후 2008년에 첫 회사에 입사했다. 당시 여러 회사를 지원했는데 운 좋게도 전역하는 날 합격 발표가 났다. 처음으로 몸담은 회사는 SPC그룹의 '파리바게뜨'라는 브랜드를 운영하는 '㈜파리크라상'이었다. 아이러니하게도 나는 빵을 그렇게 좋아하지 않았다. 빵은 '간식' 그 이상도 그 이하도 아니었다. 빵으로 한 끼 식사를 대체한다는 것은 상상할 수도 없는 이야기였다. 그런데 그 회사를 간 까닭은 어머니가 빵을 너무 좋아하셔서 자주 빵 심부름을 하다 보니 자연스럽게 그 브랜드가 익숙해졌고, 마침 대졸 공채 신입사원 모집 공고를 보게 되었기 때문이다.

우연히 지원했지만, 직장인이 되어야겠다는 생각에 신입사원 모집 3차 관문을 통과하고자 정말 몰입했다. 최종 대표이사 면접 과정에서 '회사의 발전을 위한 제안'이 있었는데, '상품권 디자인 개선'이 높은 점수를 받았다. 그렇게 나는 처음으로 '빵' 회사에 발을 담그고, '빵돌이'의 길로 접어들었다.

굴러온 돌이 박힌 돌 빼다

SPC 신입사원 3개월 연수 기간을 당당히 1등으로 마쳤다. 그래서 원하는 지역인 대구 중앙로에 위치한 직영점에 부점장으로 발령받을 수 있었다. 당시에 점장은 나보다 나이가 6살 많은 여자 점장님이었고, 현장 판매 사원부터 시작했던 잔뼈가 굵은 분이었다.

내 역할은 인사하기, 청소하기, 쟁반 닦기였다. 처음에는 부점장인데 아르바이트보다 대우가 못한 것 같은 불만이 있었고, 인사하기와 청소하기가 어색했다. 그러나 밑바닥부터 일을 배워야 한다는 이야기를 들어서 열심히 했다.

일을 시작한 지 한 달쯤 지난 어느 날, 사건이 터지고 말았다. 매일 낮 12시쯤 오던 70대 어르신 세 분이 있었다. 그분들은 늘 빵 1개씩만 각자 골라 드셨다. 그러다 내게 "총각, 물 좀 줄 수 있는가?"라고 하셨다. 나는 당연히 "네, 알겠습니다. 세 잔 갖다 드리겠습니다" 하고 물을 가지러 갔다. 그때 홀매니저가 내 손을 때리면서 "부점장님, 물을 주면 안 돼요. 커피와 음료를 팔아야죠"라고 했다. 그 말을 들으니 일리가 있었다. 그래서 다시 어르신들에게 가서 영업 방침상 커피나 우유를 구매해야 할 것 같다고 말씀드렸더니 커피는 믹스커피만 드신다고 했고, 우유는 몸에서 안 받아서 못 드신다고 했다.

이러지도 못하고 저러지도 못하고 상당히 곤란했다. 그런데 생각해 보니 지나가는 행인이 물 한 잔 요청해도 건네주는데, 빵을 구매한 분들이니 물을 줄 수 있지 않느냐고 매니저와 언쟁을 벌였다.

그날 오후에 점장이 출근해서 나와 매니저가 다툰 내용을 듣고는 내 편을 들지 않고 매니저 편을 들어서 섭섭했다. 그 와중에 약 1개월 동안 매장 운영에 대해 개선이 필요한 사항들을 이야기했더니 점장이 나를 크게 나무랐다.

순간 '4년제 대학을 졸업하고 또 군대를 장교로 다녀온 내가 지금 여기서 무얼하고 있는 건가? 안 하고 만다!'라는 생각이 들었다. 그래서 앞치마를 벗어던지고 매장을 나와버렸다.

그 길로 곧장 부산에 있는 직영 사무실로 가서 직영 팀장님께 상황을 말씀드렸더니 직영점 선배들과 저녁 식사 자리를 마련해 주셨다. 그분들이 내 입장을 들어주면서도 한편으로 이렇게 그만두는 것은 바람직하지 않다고 말렸다. 그날 긴 대화의 시간 이후 나는 다음 날 "죄송합니다"라고 사과한 후 다시 열심히 근무했다. 하지만 내가 점장이 되면 모두 바꾸겠다고 다짐했다.

1개월 후 점장이 예정일보다 빠르게 출산휴직에 들어가게 되어 내가 점장이 되었다. 내가 추구하는 방식으로 매장의 운영을 모두 바꾸었고, 당시 매니저와 일부 아르바이트들은 전부 교체되었다.

직영점 점장으로서 운영을 통해 큰 교훈을 얻었다. 우선 기존의 과도한 생산량은 인기 제품으로 조절하여 원가율을 3% 낮추고, 일 매출은 290만 원에서 380만 원으로 약 8개월 만에 30% 정도 상승하여 크게 칭찬받았다. 그 결과 보통 2~3년 정도 직영점 근무를 하는 관성을 깨고 선배들보다 먼저 1년 만에 가맹점 관리 업무인 SV(슈퍼바이저)로 직무가 업그레이드되었다.

팔로우십 Follow-ship

팔로우십 Follow-ship이란 사전적 뜻으로 '추종자 정신追從者精神으로서 어떤 개인이 자신이 속한 조직, 팀, 무리에서 맡은 역할'이라고 나와 있다. 다른 뜻으로 한 개인이 지도자를 능동적으로 따르는 능력을 말하기도 하며, 보통 리더십 Leader-ship에 대응하는 사회적 상호작용 과정으로 볼 수 있다. 과거 직장생활에선 '리더(팀장)'의 말은 곧 '법'이요, '규칙'이었다. 그래서 나는 자연스럽게 '팔로우십'을 직장생활 속에서 체득했다.

가끔 팔로우십을 '윗사람에 대한 아부', '맹목적인 추종'으로 오해하는 경우가 있다. 아직도 그런 것이 통하는 회사도 있겠지만, 과거에는 특히 그런 부류의 사람들이 승진에 도움이 된 사례가 많았다. 하지만, 내가 생각하는 직장생활의 '팔로우십'은 아래와 같다.

첫째, 나보다 경험이 많은 '리더'들의 생각을 최대한 읽으려는 자세를 말한다. 이는 리더들이 이야기하는 내용을 잘 '경청'하고, '존중'하며 '긍정'적으로 생각해야 한다. 왜냐하면, 현재 내가 경험하고 있는 일을 먼저 경험한 선배이기에 직장생활 길잡이로서의 역할을 해 줄 수 있는 분들이기 때문이다. 그런데 요즘 직원들은 자신의 생각과 다르면 리더에 대한 '존경심, 존중, 그리고 경청'의 자세가 부족해 갈등을 유발하는 경우가 많다. 최대한 이해하려는 긍정적인 마인드로 경청하고 실행에 옮겨보고 대화하면 좋은 결과가 나오는 경우를 많이 보았다.

둘째, 그들이 원하는 방식으로 업무를 해보는 것이다. 내가 생각하는 가치관과 다른, '이건 아닌 것 같은데…'라는 업무 지시들이 종종 있었다. 첫 번째와 마찬가지로 그들의 경험을 전수해 준 것이기에 매우 감사한 마음으로 그러한 업무 지시에 대해서 최대한 몰입해서 실행하는 것이 중요하다. 일단 해보고, 추후 그 과정과 결과에 대해 대화로 피드백을 주고받는 활동이 나의 성장에 큰 도움이 되었다. 개인적으로 현대건설의 창업주인 故 정주영 회장의 명언을 좋아한다. 그가 생전에 자주했던 말인 "그러니까 당신 해봤어?" 이 한마디가 '팔로우십'을 가장 잘 알려주는 문구라고 생각한다.

셋째, 리더가 되기 전까지는 리더의 생각이나 방식을 100% 이해할 수 없기에 '감사'와 '사과'를 잘해야 한다. 리더의 업무 지시를 그대로 벤치마킹하여 좋은 결과가 나온다면 리더에게 진심으로 감사하다고 표현하는 것이 좋다. 관계도 훨씬 더 좋아지고 하나라도 더 본인의 경험을 전수해 주려고 할 것이다. 리더가 시키는 대로 하지 않아 좋은 결과가 나오지 않는 경우에도 충분히 그 과정과 사유를 설명하며 진심으로 사과해야 한다. 리더의 업무 방식에 따른 '감사와 사과'는 그들에 대한 배려이고, 내가 생각하는 '팔로우십'의 핵심이다. 가

수 양희은이 자주 쓰는 표현인 "응, 그럴 수 있어"라는 마음으로 받아들인다면 어떠한 상황도 이해가 되었던 것 같다.

나는 이러한 세 가지 '팔로우십'을 통해서 빠르게 성장했다. 첫 번째 직장에서 5년간 전국 180명의 동일 직무에서 TOP 5를 3년 이상 했고 특히, 2012년에는 전국 1등 실적을 달성하여 1주일 프랑스 해외 연수도 다녀왔다. 그리고 현재 몸담고 있는 두 번째 직장에 스카우트 제안을 받고 이직하여 위와 같은 팔로우십을 유지하며 근무하고 있고, 2021년에 전국 영업리더 중 최연소로 승진하여 현재 4년 차 리더가 되었다. 당시 첫 리더로서 맡았던 조직은 매출 순위로 최하위권이었으나 '팔로우십'을 바탕으로 팀원들의 입장에서 리더십을 발휘했더니 만년 꼴찌팀이라고 불리던 우리 팀은 이듬해 전국 1등이 되어 주위를 깜짝 놀라게 했다.

나는 자신있게 말할 수 있다. 직장 생활의 시작과 끝은 '팔로우십'이 열쇠라는 것을.

현) CJ푸드빌 베이커리사업본부 부장, 전) SPC 파리크라상

4부
자기계발과 진로 탐색

권희도 | 힘들 때 도움을 구하는 방법과 극복 전략에 대하여
김정덕 | 학사장교의 길 - 개인의 성장과 국가 봉사의 조화
남성우 | 미래의 관점에서 본 오늘, 내일의 과거를 어떻게 살 것인가
박순석 | 생활에서 일어나는 스트레스, 감정조절법
박정대 | 일에 눌리지 않고 숨 쉬는 법
윤병국 | 20대에게 전하는 인생 투자의 비밀
이창섭 | 시련과 도전 그리고 열매
황현숙 | 창의성의 씨앗, 역경을 넘어 피어나는 인생의 꽃

힘들 때 도움을 구하는 방법과
극복 전략에 대하여

권희도(경제통상학부 17학번)

저는 대학생활을 하며 여러 고민과 질문들을 안고 있습니다. 선배님들의 경험과 지혜를 통해 조언을 구하고자 이렇게 글을 올립니다.

질문 하나, 중요한 기로에서 선택의 기준을 세우려면?
대학생활 동안 가장 어려웠던 점은 선택의 순간이었습니다. 마치 수백 가지 선택지가 있는데, 저에게는 단지 네 가지 옵션만 보이는 것 같았습니다. 안타깝게도 가족과는 이런 이야기를 깊이 나누지 못했습니다. 그래서 저는 창업가들의 접근 방식을 선택했습니다. 되돌릴 수 없는 선택은 신중하게 하고, 실패해도 되는 선택은 끝없이 시도하자는 것이었습니다. 덕분에 다양한 경험을 쌓으며 저만의 세계관을 형성할 수 있었습니다.

아직 어리지만, 돌아보니 그 과정에서 멘토보다는 시행착오를 통해 다양한 생각을 나눌 수 있는 어른들이 있었다면 더 많은 도전을 두려움 없이 할 수 있었을 것이라는 생각이 듭니다. 최근에 여러 선배의 경험을 듣고 의견을 나누면서, 선택의 순간에 무지에서 오는 두려움이 줄어들었습니다.

선배님들은 인생의 중요한 기로에서 어떤 기준을 갖고 선택을 하셨는지 궁금합니다.

질문 둘, '생존의 시대'와 '자아의 시대'에서 자녀 양육을 잘하려면?

선배님, 부모님들의 시대는 '생존의 시대'를 살아오셨습니다. 유호현 작가의 글을 빌려 표현해 보겠습니다. '생존의 시대'는 국가가 먹고사는 문제를 해결해 주지 못하던 시기를 말합니다. 돈이 있으면 의식주는 쉽게 해결되지만, 돈이 없으면 의식주 해결이 매우 어려워집니다. 그래서 생존의 시대를 산 사람들은 돈에 대한 집착이 강해집니다. 돈이 곧 생명과 행복과 직결되기 때문입니다.

반면, 90년대생부터 즉 선배님들의 자녀 세대부터는 '자아의 시대'에 접어들었습니다. '나는 누구인가?', '나는 일을 통해 성장하고 있는가?', '결혼은 왜 나를 속박하는가?', '나만이 할 수 있는 일은 무엇일까?'라는 질문들이 새롭게 등장했습니다.

자아의 시대에 들어서면서 사람들은 국가에 충성하는 존재도, 가정을 위해 희생하는 존재도 아닌 온전한 개인이 됩니다. 가정을 이루고 아이를 낳는 것보다 나의 커리어와 삶의 질이 소중해지고, 일이 주는 돈보다 일이 나에게 주는 의미가 더 중요해집니다. 어떻게 돈을 벌 것인가보다 어떻게 나만의 가치를 만들고 그 가치를 인정받을 것인가가 중요한 시대입니다. 그래서 대기업을 떠나 자신의 아이디어와 꿈을 추구하는 스타트업이 생겨나고, 나를 찾기 위한 여행을 떠나는 사람들이 늘어나는 것입니다.

이 변화와 이해의 차이에서 세대 간 갈등이 생기는 것 같습니다. 윗세대처럼 열심히 공부해서 좋은 회사에 들어가 돈을 많이 벌고 경쟁하며 사는 것이 잘 사는 것인지 궁금합니다. 모든 부모가 자녀를 키우는 과정에서 여러 시련과 착오를 겪으셨을 것입니다. 만약 지금 자녀를 다시 키울 수 있다면, 어떻게 키우고 싶으신지도 궁금합니다. 우리 세대가 자녀를 어떻게 키워야 할지 고민하는 데 큰 도움이 될 것 같습니다.

질문 셋, 자신에게 맞는 직업을 찾으려면?

사실 '내가 어떤 걸 잘하지?'를 알아볼 기회가 참 적습니다. 우리가 도전해 볼 수 있는 아르바이트는 크게 세 종류로 나뉩니다. 고깃집 알바, 프랜차이즈 커피숍과 영화관 알바, 편의점 알바 정도입니다. 이런 일을 통해 나의 진로를 미리 체험해 보는 것은 어려운 일입니다.

인턴 기회도 3학년이 되어야 겨우 얻을 수 있을 정도로 제한적이고, 공공기관의 경우 개인정보 보호 문제와 정부 규제로 인해 실무 체험보다는 이론 학습을 권유합니다. 공대나 경상대 학생이 아니라면 현장 실습 기회도 거의 없습니다.

어떤 방식으로 진로를 탐색하고 결정하는 것이 좋을지, 그리고 직무 체험을 통해 자신에게 맞는 직업을 찾는 방법에 대한 선배님들의 경험과 지혜를 듣고 싶습니다.

질문 넷, 신입사원 업무나 적응이 너무 힘들 때 살아남으려면?

친구가 최근 모 회사에 취업했는데 많이 힘들어하는 것을 보았습니다. 도와줄 방법이 있을지 궁금합니다. 이런 고민을 토로하면 돌아오는 대답은 거의 둘 중 하나입니다. "3년만 참으면 괜찮아" 혹은 "그만두고 다른 거 준비해 봐". 물론 정답이긴 하지만, 어려움을 겪고 있는 신입에게는 전혀 도움이 되지 않습니다. 신입사원들은 주로 낯선 환경, 민원 업무에 대한 스트레스, 타지 거주로 인한 공허함과 외로움을 겪습니다. 부모님의 걱정과 기대 때문에 집에서도 쉽게 얘기를 꺼내기 어렵습니다.

다음과 같이 신입사원 생활에 큰 도움이 될 선배님들의 따뜻한 조언을 구해 봅니다.

- 낯선 환경에 적응하는 법
- 민원 업무를 처리하는 팁
- 타지 생활에서 공허함과 외로움을 이겨내는 방법

질문 다섯, 힘들 때 얘기할 사람이 없으면?

주변의 지인, 친구, 후배들과 얘기하다 보면 자신의 감정적 어려움을 표현하거나 편하게 얘기할 수 있는 인간관계가 거의 없는 경우가 많습니다. 특히 남성들은 어려움을 호소하는 것을 부끄러워하고, 술의 힘을 빌리지 않는 한 거의 얘기하지 않는 경우가 많습니다.

감정적으로 힘들거나 도전해야 할 산이 너무 높아 보일 때, 대학 선배로서, 인생 선배로서 따뜻하고 현실적인 조언을 많이 해주시면 좋겠다는 마음으로 질문을 드려봅니다.

- 감정적으로 힘들 때, 어떤 방법으로 극복하셨나요?
- 누구에게도 말하기 어려운 고민이 있을 때 어떻게 해결하셨나요?
- 어려울 때 가장 도움이 되었던 조언이나 행동은 무엇이었나요?

선배님들의 소중한 경험과 조언을 기다리겠습니다. 감사합니다.

학사장교의 길

– 개인의 성장과 국가 봉사의 조화

김정덕(전기공학과 86학번)

장교 교육단에서의 훈련 경험은 많은 이들에게 잊지 못할 추억으로 남아있다. 밥 배식 중 손에 묻은 밥풀을 떼어 먹다 들켜 기합을 받고, 30초라는 짧은 시간 동안 밥을 허겁지겁 먹었던 기억, 그리고 임관 후 부대 뒷산 물탱크에서 특수훈련을 받았던 순간들이 생생하게 떠오른다. 이러한 경험들은 군대 생활의 특유한 문화와 규율을 보여주는 단면이라 할 수 있다.

대학생활을 시작하면서 학생들은 꿈과 희망에 부풀어 있다. 미팅, 동아리 활동, 과 행사 등을 통해 진정한 학창 시절을 경험하며 즐거워하지만, 이내 현실적인 문제들에 직면하게 된다. 등록금과 생활비 마련, 학점 관리, 군 입대, 장래 진로, 취업 등 다양한 고민거리가 학생들을 기다리고 있다.

이러한 여러 고민 중에서 후배들이 직업군인으로서의 길을 고려하거나, 학사장교라는 진로를 탐색하는 이들에게 도움이 되고자 이 글을 쓴다.

학사장교 제도는 공군, 육군, 해군 모두에서 시행되고 있으며, 지원자의 전공과 희망 진출 분야에 따라 다양한 직무를 선택할 수 있다. 또한 장학금 지원 제도를 통해 1학년부터 4학년까지 단계별로 재정적 지원을 받을 수 있어 학업에 전념할 수 있는 환경을 제공한다.

각 군별 학사장교 모집에 대한 상세한 정보는 해당 군의 공식 홈페이지를 통해 확인할 수 있다. 육군(www.goarmy.mil.kr), 공군(go.airforce.mil.kr), 해군(www.navy.mil.kr) 각각의 사이트에서 지원 자격, 선발 과정, 복무 조건 등을 자세히 알아볼 수 있다.

학사장교의 길을 선택했을 때 얻을 수 있는 장점들을 살펴보면 다음과 같다.

첫째, 경제적 안정: 학창 시절 동안 학비에 대한 부담을 덜 수 있으며, 졸업 후 취업에 대한 스트레스에서 자유로울 수 있다. 안정적인 직업이 보장되므로 미래에 대한 불안감을 줄일 수 있다.

둘째, 학업 연속성 및 장학 기회: 군 복무를 앞두고 학업을 중단해야 하는 일반적인 상황과 달리, 학사장교는 학업의 연속성을 유지할 수 있다. 학업에 전념할 경우 우수한 성적을 거둘 수 있고, 이는 추가적인 장학금 획득으로 이어질 수 있다. 또한 학업과 병행하여 동아리 활동 등을 통해 관심 분야를 탐구하고 인맥을 쌓을 수 있는 기회도 충분히 가질 수 있다.

셋째, 지속적인 자기계발: 군 복무 중에도 석사 및 박사 학위 취득의 기회가 열려있다. 이는 본인의 전문성을 높이고 전역 후 제2의 직업을 준비하는 데 큰 도움이 된다. 20년 이상의 군 경력을 쌓은 후에도 새로운 분야에서 전문가로 활동할 수 있는 기반을 마련할 수 있다.

넷째, 주거 안정: 군의 특성상 결혼 전에는 독신자 숙소를, 결혼 후에는 아파트를 제공받을 수 있다. 이는 주택 구매에 대한 경제적 부담을 크게 줄여준다. 또한 전역을 대비하여 단계적으로 개인의 경제 상황에 맞춰 주택을 구매할 수 있는 여유를 가질 수 있다.

다섯째, 다양한 경험과 리더십 개발: 군 생활을 통해 다양한 상황에서의 리더십을 개발하고, 조직 관리 능력을 기를 수 있다. 이는 전역 후 어떤 분야에 진출하더라도 큰 자산이 될 수 있다.

여섯째, 국가에 대한 봉사와 개인의 성장: 학사장교로서의 삶은 단순히 국가를 위한 희생만을 의미하지 않는다. 자신의 꿈과 희망을 실현할 수 있는 하나의 경로가 될 수 있다.

현재 3년의 단기 복무부터 30년 이상의 장기 복무를 마치고 전역한 많은 선후배들이 있다. 이들 중에는 80대의 고령임에도 여전히 현역에서 활발히 활동하는 분들도 있다. 이는 군인으로서의 경험이 자신의 인생에 얼마나 큰 영향을 미칠 수 있는지를 보여주는 좋은 예시다.

물론 군인이라는 직업의 특성상 젊은이들에게 다소 불편하거나 부담스러운 부분이 있을 수 있다. 엄격한 규율, 잦은 이동, 위험한 임무 등이 그러한 요소들이다. 그러나 이는 단순히 국가를 위한 일방적인 희생이 아니라, 국가와 개인이 함께 성장하고 발전할 수 있는 기회로 볼 수 있다.

학사장교의 길은 본인의 꿈과 희망을 펼칠 수 있는 또 하나의 선택지다. 안정적인 직업, 지속적인 자기계발 기회, 리더십 함양, 그리고 국가에 대한 봉사 등 다양한 측면에서 만족을 얻을 수 있다. 물론 개인의 성향과 목표에 따라 이 길이 모두에게 적합하진 않을 것이다. 그러나 진로를 고민하는 많은 대학생들에게 하나의 유의미한 옵션으로 고려해 볼 만한 가치가 충분히 있다고 생각한다.

학사장교의 길은 단순히 군 복무의 의무를 다하는 것을 넘어서, 개인의 성장과 국가 발전에 기여할 수 있는 의미 있는 진로가 될 수 있다. 이 글을 읽는 후배들이 자신의 미래를 설계하는 데 있어 학사장교라는 선택지를 진지하게 고려해 보기를 권한다.

현) ㈜삼안 플랜트본부 상무, 전) 포스코 E&C 부장

미래의 관점에서 본 오늘,
내일의 과거를 어떻게 살 것인가

남성우(경제학과 92학번)

　나는 청개구리다. 반골, 삐딱이, 돌아이 등은 많은 사람들이 선택하는 길에서 살짝 벗어나 생각하고 행동하는 사람들을 일컫는 말들이다. 진부한 표현이기도 하지만, 요즘 유행에 기대어본다면 뉴진스를 꿈꾸는 사람이라고 할 수 있다.
　실제로 살아보면 인생은 마라톤처럼 길고 끝도 보이지 않는다. 같은 길로 갈 필요도 없고, 경쟁할 필요도 없다. 중요한 것은 자신의 길에서 누구보다 열심히 하는 것이다.
　그렇다면 어떻게 사고하고 행동하는 것이 바람직한 길일까? 현재의 길이 나에게 맞는지를 끊임없이 반문하고, 지금의 상황이 위기라고 생각되면 더 나은 방법을 찾아보라고 조언하고 싶다. 물론, 지금의 상황에서도 최선을 다한다는 전제하에서 말이다. 너무 쉽게 말한다고 생각할 수도 있다.
　내 이야기를 해보겠다. 나는 경제학과 92학번이다. 1999년 2월 졸업 즈음, IMF 지원이라는 국가적 위기가 사회경제적으로 큰 영향을 미쳤다. 취업 자리는 사라지고, 휴학계를 제출하는 학우들이 급증했으며, 동시에 대학원 지원자는 폭증하는 등 졸업을 앞둔 4학년에게는 대혼란이었다. 남아있는 길들은 미취업 졸업생들이 선택해 왔던 고시 및 자격증 공부 등으로 어느 하나 성공을 보장할 수 없는 쉽지 않은 길들이었다. 많은 고민 끝에 다시 수험생활을 선택했고, 02학번으로 대구가톨릭의과대학에 진학했다. 2008년 졸업 후 본교 인턴을 거쳐 전공의 수련병원으로 고려대학교 의료원을 선택하여 서울로 올라왔다. 현재는 소아청소년과 의사로 근무하고 있다. 내가 근무하는 병원은 대한민국에서 유일하게 보건복지부 지정 소아청소년 전문병원이다.

10년 이상 아이들을 진료하면서 쌓여가는 의료 데이터의 활용에 대해 고민하던 중, 정보통신산업진흥원(NIPA)에서 주관하는 '2023년 AI 바우처 지원사업'에 선정되어 '청진음을 기반으로 하는 이상호흡음 AI 알고리즘'을 개발했다. 이후 모바일 기기로 확대 적용하여 현재 의료 현장에서 실증 작업 중이다. 2024년 7월에는 서울경제진흥원(SBA)에서 지원하는 '서울시 테스트베드 실증사업'에 선정되어 서울 시민을 대상으로 이상호흡음 알고리즘을 키오스크에 적용한 사업을 진행 중이며, 이는 8월과 9월에 걸쳐 남원, 제주, 부산, 경북 등 전국으로 확대 시행을 위해 협의 중이다. 이상호흡음 감별 알고리즘은 전 세계 최초로 식약처에서 2등급 의료기기로 분류되어 의료기기 승인을 위한 과정을 밟고 있다. 모바일로 누구나 언제 어디서든 적용할 수 있어 글로벌 확대 적용을 위해 노력 중이다.

MZ라는 용어가 요즘 많이 회자되고 있다. 부정적인 의미로 쓰이기도 하지만, 타인의 눈치를 보지 않고 소신 있게 자신의 삶을 개척한다는 좋은 의미로 볼 수도 있다. 중요한 것은 소신만으로는 안 된다는 것이다. 현재 상황에 대한 절실한 결핍 의식, 더 나은 방향으로 나아가겠다는 용기와 뚝심 있는 실행 의지가 반드시 필요한다.

이번 글을 쓰면서 가장 경계했던 것은 혹시나 어쭙잖게 나이 먹은 선배의 꼰대스러운 자기 자랑이 되지 않을까 하는 것이었다. 내가 말하고 싶은 점은 내가 거쳐온 길들이 당시 주어진 선택지에서 많은 사람들이 고르던 것들이 아니라는 것이다.

후배들의 상황이 갈수록 녹록지 않다는 것을 공감한다. 하지만 지금에 낙담하지 말고 주변 사람들과 얘기를 나눠보기 바란다. 선배들의 길은 본받고 따르면 좋은 길이 될 수도 있고, 오히려 조심해서 경계하고 가지 말아야 할 길이 될 수도 있다. 그것들은 본인이 시간과 비용을 지불하지 않고도 터득할 수 있는 좋은 대리 경험이 될 것이다. 현재의 상황에서 남들이 일반적으로 선택하는 선택지에 대해서만 고민하지 말고, 열린 마음으로 모든 가능성을 열어두고 고민해 보기 바란다. 젊다는 것은 그 무엇과도 바꿀 수 없는 큰 재산이고, 살아보면 한두 해 정도는 잃어버려도 아무런 영향을 미치지 않는 것이다.

기존의 것을 해석하는 것은 누구나 할 수 있다. 하지만 미래를 예측하는 것은 매우 어렵다. 이 사람이 이러이러해서 성공할 수 있었다는 해석은 쉽지만, 이 사람이 이러이러해서 성공할 것이라는 예측은 어렵다. 하지만 조금만 들여다보면 성공한 사례들은 과거 성공의 패턴을 따르기보다 새로운 것을 개척해서 성취한 경우가 더 많다. 과거를 들여다보되 미래는 자신의 삶으로 예견하며 밀고 나가보는 것은 어떨까.

　철없는 삐딱이로서의 청개구리가 아니라 항상 다른 길을 고민하고 용기 있게 뛰쳐나가며, 선택한 길에서 최선을 다하는 후배 청개구리들이 많아졌으면 한다. 설사 그 선택지가 남들이 말하는 성공의 길이 아니더라도, 자신이 최선을 다했다고 생각하는 인생을 살기 위한 노력이라면 언젠가는 사회가 그에 대해 보상해 줄 것이라고 믿는다.

현) 소아청소년과 전문의, 우리아이들의료재단 부이사장, 닥터스바이오텍 대표

직장생활에서 일어나는
스트레스 감정조절법

박순석(농경제학과 86학번)

직장생활은 수많은 사람과 관계를 맺어가는데 원만한 관계를 맺어야만 한다. 그런데 직장생활을 하다 보면 스트레스와 예상치 못한 감정의 소용돌이를 피할 수 없을 때가 많다. 새로운 환경에 적응하고, 다양한 사람들과 협력하며, 자신에게 주어진 업무를 처리하는 과정에서 갈등이나 분노는 자연스럽게 찾아온다. 이로 인해 좋은 관계를 악화시켜 직장생활이 어렵게 된다. 직장생활에서 좋은 관계를 맺을 수 있는 방법, 즉 '화가 발생하지 않는 생활'이라는 주제로 직장 생활을 성공적으로 이끌어가는 방법에 대해 이야기하고자 한다.

첫째, 내 기준이라는 감옥을 부숴라
우리는 태어날 때는 아무것도 모르는 백치로 태어나 자라면서 하나 둘 배우며 자기만의 기준을 만들어놓고 살아간다. 대부분의 스트레스와 갈등은 내가 세워둔 기준에서 벗어날 때 일어난다. 즉 내 기준에서 벗어날 때 "어떻게 이럴 수가 있어!" 하고 감정이 올라오게 된다. 그런데 문제는, 이 세상에는 나와 똑같은 기준을 가진 사람은 한 사람도 없다는 것이다. 직장에서도 마찬가지이다. 각자 다른 배경과 가치관을 가진 사람들이 모인 직장에서는 서로의 기준이 충돌할 수밖에 없다. 이럴 때 중요한 것은 "어떻게 이럴 수가 있어?"라는 반응이 아닌, "아, 당신 입장에서는 그럴 수도 있겠구나!"라고 받아들이는 것이다. 이러한 실천만으로도 상대방의 행동이 이해되니 화가 나지 않고, 화가 나지 않으니 스트레스 받지 않고, 나아가 갈등을 피할 수 있다. 이 과정에서 내가 세운 기준이라는 감옥에서 자신을 해방시킬 수 있다.

예를 들어 팀 프로젝트에서 동료가 기한을 지키지 못했을 때, 즉각적으로 화를 내기보다는 그 사람의 입장이 되어보는 것이다. 혹시 예상치 못한 다른 업무가 생겼거나 개인적인 문제가 있었을 수도 있다. 이해의 폭을 넓히면 불필요한 갈등을 줄이고 더 나은 협력 관계를 만들 수 있다.

둘째, 상황을 있는 그대로 받아들이자

직장에서는 계획대로 흘러가지 않는 일이 많다. 때로는 예기치 않은 상황이 발생하고, 나에게 불리한 결과가 생길 때도 있다. 이때 "왜 이런 일이 생겼지?"라고 과하게 반응하기보다는, 그 상황을 객관적으로 바라보고 받아들이는 것이 필요하다. "이런 일도 있구나, 저런 일도 있구나"라는 유연한 사고방식은 내가 감정에 휘둘리지 않게 도와준다.

내가 컨트롤할 수 없는 상황에 얽매이지 않고, 다가오는 문제에 대해 침착하게 대응하는 능력은 직장생활에서 큰 자산이 된다. 감정이 아닌, 이성적으로 문제를 풀어 나가는 태도는 자기 자신뿐만 아니라 주변 사람들에게도 신뢰를 주는 중요한 요소다.

예를 들어, 중요한 프레젠테이션 직전에 컴퓨터가 갑자기 고장났다고 가정해 보자. 이런 상황에서 당황하고 화를 내는 대신, "이런 일도 있구나"라고 차분하게 받아들이고 대안을 찾는 태도가 더 효과적이다. 이러한 태도는 문제 해결 능력을 향상시키고, 스트레스도 줄일 수 있다.

셋째, 실패에서 배우자

내가 아는 지인의 사례는 감정 조절의 중요성을 잘 보여준다. 그는 어느 대기업의 부서장으로 근무할 당시, 성격이 급하고 다혈질인 현장 기사와 마찰을 겪었다. 어느 날 그 기사가 전화를 걸어와 화를 냈고, 지인 역시 순간적으로 욱하는 감정을 억제하지 못하고 전화를 끊고 말았다. 결국 그 기사가 사무실로 올라오자, 지인은 감정을 참지 못하고 폭행을 저질렀다. 이로 인해 그는 심각한 법적 문제와 함께 회사 내에서의 위신도 크게 추락했다.

지인은 이후 "만약 그때 화가 발생하지 않는 생활을 실천했다면, 그런 큰 사고를 내지 않았을 것"이라며 후회했다. 그때의 상황에서 감정을 조절하고 상대방의 입장을 이해했더라면, 그는 존경받는 관리자가 될 수 있었을 것이다. 이 사례는 욱하는 감정을 다스리지 못했을 때 발생할 수 있는 결과를 잘 보여준다.

이러한 실패 경험을 통해 우리는 감정 조절의 중요성을 배울 수 있다. 이처럼 감정 조절에 실패하지 않기 위해서는 내 기준이라는 감옥을 부수고 '화가 발생하지 않는 생활'을 실천해야 한다. 이는 개인의 성장뿐만 아니라 조직 전체의 발전에도 도움이 된다.

넷째, 지는 것이 이기는 것이다

직장생활에서 모든 것이 나의 기준대로 이루어질 수는 없다. 내가 옳다고 생각하는 것들이 상대방에게는 전혀 다를 수 있으며, 이 차이를 인정하고 받아들이는 태도가 필요하다. "이기고 진다"는 말이 있다. 내가 주장을 강하게 하여 상대방이 수용했지만, 정작 마음으로는 받아들이지 않아 상대의 감정을 쌓이게 하는 것이 바로 이기고 상대를 잃어버리는 것이다.

예를 들면 윤 팀장은 회의에서 자신의 아이디어를 강하게 주장해 팀원들이 수용하게 만들었지만, 마음으로는 동의하지 않은 팀원들의 불만이 쌓였다. 프로젝트 결과도 부진했고, 팀의 분위기는 나빠졌다. 윤 팀장은 결국 자신의 방식이 항상 옳지 않다는 걸 깨닫고, 이후에는 팀원들의 의견을 경청하며 소통을 강화해 더 좋은 결과를 얻을 수 있었다.

다섯째, 자기 관리와 스트레스 해소 방법을 찾자

화를 조절하고 감정을 관리하는 것은 내 기준을 버려야만 가능하게 된다. 그런데 지금까지 살아오면서 만들어 둔 내 기준은 매우 견고하다. 따라서 내 기준의 감옥을 부수기 위해서는 "이럴 수도 있구나, 저럴 수도 있구나, 그럴 수도 있구나"를 되뇌어야 한다.

이와 함께 지속적인 자기 관리와 스트레스 해소 방법을 찾는 것이 중요하다. 운동, 명상, 취미 활동 등을 통해 일상적인 스트레스를 해소하고 정신적인 여유를 가지는 것이 도움이 된다.

여섯째, 긍정적인 커뮤니케이션 습관을 기르자

화를 내지 않는 생활을 실천하기 위해서는 긍정적인 커뮤니케이션 습관을 기르는 것이 중요하다. 상대방의 말을 경청하고, 자신의 의견을 명확하고 공감적으로 전달하는 능력을 키우는 것이 필요하다.

예를 들어, 회의할 때 상대방이 엉뚱한 얘기를 할 경우도 있다. 이럴 때 "당신이 틀렸어"라고 말하는 대신 "내 생각은 이러이러합니다"라고 충분히 설명하고 "참고하십시오"라고 말하는 것이 더 효과적이다. 왜냐하면 상대방의 말을 틀렸다고 부정하지 않았고 판단은 상대방이 하도록 했기 때문에 상대방의 방어적인 태도를 줄이고, 더 생산적인 대화를 이끌어낼 수 있다.

직장생활에서 중요한 부분이 좋은 관계를 맺는 것이다. 좋은 관계를 맺기 위해서는 나의 기준을 부숨으로써 상대방의 입장이 이해되고, 상황을 있는 그대로 받아들이며 실패에서 배우고, 때로는 한발 물러설 줄 아는 지혜가 필요하다. 또한 지속적인 자기 관리와 긍정적인 커뮤니케이션 습관을 기르는 것도 중요하다.

이러한 실천을 통해 우리는 더 나은 직장생활을 할 수 있다. 개인적으로도 많은 사람이 나를 인정하고 좋아할 것이며, 지금보다 더 성장할 수 있다. 화를 내지 않는다고 해서 자신의 의견을 포기하는 것이 아니라, 오히려 더 효과적으로 자신의 의견을 전달하고 상황을 개선할 수 있다. 이는 결국 개인의 성공뿐만 아니라 조직 전체의 발전에도 기여하게 될 것이다.

현) 행복을 찾은 사람들 운동본부 대표, 아이디어그룹 대표, 경제학 박사(수료)
전) 대구경북디자인기업협회 회장, 대구상공회의소 상공의원, 영남일보 칼럼니스트

일에 눌리지 않고 숨 쉬는 법

박정대(전자공학과 81학번)

아들이 대학을 졸업할 때 책을 사주며 첫 장에 적어준 글이 맹자의 "博學說約박학설약, 넓게 배우고 익히는 것은 오히려 간략하게 말하기 위함이다"라는 말이었다. 이 문장은 태풍이 올라오면서 세력을 넓히듯이 나날이 힘을 얻어 나이가 들면 들수록 나를 지배하고 있다. 하지만 사실 핵심을 말할 줄 아는 것은 넓게 배운다고만 되는 일이 아니다. 넓게 배운 지식 위에 생각에 생각을 더하면서 필요 없는 것을 분리해 내어 버려야 가능하다. 줄이고 줄이는 압축하는 과정을 통해 온전히 자신만의 체계를 만들어야 비로소 간략하게 말할 수 있다.

도산서원에서 이황 선생님 나름의 이론을 도식(圖)으로 간략하게 정리한 것을 보았다. 순간 '역시나'라는 한마디가 저절로 나왔다. 이론을 체계적으로 분류하고 연결해 핵심 진수를 쉽게 이해하도록 간략히 보여주는 도식도였다.

　인생이든 회사 일이든 집중해야 할 일을 정리하여 컴퓨터 바탕화면 파일에 보관하는 습관이 필요하다. 그리고 수시로 열어보면서 내용을 다듬고 조금씩 완성도를 높여가면 어느새 목표가 달성되어 있는 신비한 경험을 할 수 있다. 내가 아는 부장은 본인이 간절히 달성해야 할 일은 비밀번호로 정해 컴퓨터를 켤 때마다 그 말을 주문처럼 입력한다. 그리고 내용을 조금씩 고쳐 나가며 해야할 일들을 명확히 해 나간다. '엘리베이터 보고'라는 말이 있다. 엘리베이터 안에서 중요한 내용을 짧은 시간에 상사에게 보고할 수 있는 능력을 말한다. 이런 일들은 평소에 자기 일들을 수시로 파악하고 우선순위를 정리하지 않으면 할 수가 없다.

한번은 신임 사장님이 업무 보고를 받기 위해 해외 공장에 왔다. 우리는 며칠 동안 방대한 자료를 철저하게 준비했다. 하지만 사장님은 "자료는 치우고 화이트보드를 가지고 오라"고 하셨다. 그리고 "김 법인장, 자료는 필요 없으니 법인을 어떻게 이끌어 갈 것인지 이야기해 보라"고 하셨다. 우리는 큰일났다고 생각했다. 그런데 법인장은 머리에 정리된 큰 그림을 아주 쉽게 예를 들면서 법인의 문제와 나아갈 방향을 설명했다. 이후 결과는 말할 것도 없다. 밑에서 만들어주는 자료를 읽는 앵무새 같은 상사들이 많다. 그러나 갑작스러운 상황에도 의연하게 자기의 생각을 이야기하고 있는 선배의 모습은 한마디로 경이로웠다. 평소 자기의 생각을 일목요연하게 정리하는 습관이 사람과 사람 사이 차별화를 가져오는구나! 수십 년이 지나도 뇌리에 뚜렷이 남아있다.

최근 MLB 프로야구 선수인 오타니 쇼헤이가 자신의 목표인 '8구단 드래프트 1순위'를 위해 계획한 만다르트가 많은 이들에게 감동을 주었다. 특히 8개 큰 항목 중에서 운이 좋아야 한다고 생각한 점이 재미있었다. 특히 운을 운명에 맡기지 않고 쓰레기 줍기, 청소, 심판 대하는 태도 등 작은 행동을 통해서 통제가 어려운 운을 제어하는 계획을 수립했다. 이런 복잡한 상황을 간략한 도식으로 압축하여 표현했듯이 우리도 이런 만다르트 하나 정도는 가져야 하지 않을까?

마지막으로 수십 년이 흘러 아직도 마음에 남아있는 코미디언 심형래 씨가 한 말이다. "나는 세상에 두 부류의 사람이 있다고 본다. 〈용가리〉 본 사람, 〈용가리〉 안 본 사람." 이 말은 복잡한 어떤 설명보

몸관리	영양제 먹기	FSQ 90kg	인스텝 개선	몸통 강화	축 흔들지 않기	각도를 만든다	위에서부터 공을 던진다	손목 강화
유연성	몸 만들기	RSQ 130kg	릴리즈 포인트 안정	제구	불안정 없애기	힘 모으기	구위	하반신 주도
스테미너	가동역	식사 저녁7숟갈 아침3숟갈	하체 강화	몸을 열지 않기	멘탈을 컨트롤	볼을 앞에서 릴리즈	회전수 증가	가동력
뚜렷한 목표·목적	일희일비 하지 않기	머리는 차갑게 심장은 뜨겁게	몸 만들기	제구	구위	축을 돌리기	하체 강화	체중 증가
핀치에 강하게	멘탈	분위기에 휩쓸리지 않기	멘탈	8구단 드래프트 1순위	스피드 160km/h	몸통 강화	스피드 160km/h	어깨주변 강화
마음의 파도를 안만들기	승리에 대한 집념	동료를 배려하는 마음	인간성	운	변화구	가동력	라이너 캐치볼	피칭 늘리기
감성	사랑받는 사람	계획성	인사하기	쓰레기 줍기	부실 청소	카운트볼 늘리기	포크볼 완성	슬라이더 구위
배려	인간성	감사	물건을 소중히 쓰자	운	심판을 대하는 태도	늦게 낙차가 있는 커브	변화구	좌타자 결정구
예의	신뢰받는 사람	지속력	긍정적 사고	응원받는 사람	책읽기	직구와 같은 폼으로 던지기	스트라이크 볼을 던질 때 제구	거리를 상상하기

다도 간결하게 사람을 파악하는 통찰을 보여준다. 저녁 토크쇼를 보면서 무릎을 쳤다. 살아오면서 느낀 경험이 없으면 도저히 할 수 없는 말이다. 이후로 나는 누구를 만나든 상대의 원하는 '용가리'가 무엇인지를 먼저 생각한다. 그 '용가리'만 잘 이해해 주면 어려운 인간관계도 어느 정도 쉽게 해결할 수 있다. 이렇게 복잡한 인간관계도 두 줄로 요약이 가능하다.

세상에는 두 부류의 사람이 있다고 한다. 지금 이야기를 하는 사람과 자기 이야기를 하려고 타이밍을 보는 사람이다. 기어이 자기 말을 하고 싶어 하는 인간의 속성을 간략히 잘 표현한 말이다. 그래서 나는 회식 때 가능한 팀원들과 40초 룰을 적용한다. 한 사람이 대화의 주도권을 40초 이상 가지지 않도록 자연스럽게 유도하는 것이다. 현대는 유튜브에서 보듯이 말이 정말 많은 사회다. 말을 줄이고 생각을 가미하는 습관이 필요한 시대다.

배 앞에 부서지는 파도에 흔들리지 않으려면 생각을 요약하고, 먼 곳을 바라보는 안목을 가져야 거친 바다를 거뜬히 헤쳐갈 수 있다. 생각의 회로를 돌려 문제를 간략히 하는 습관은 선택이 아니라, 이 바쁜 세상에서 여유를 만들 수 있는 필수불가결한 능력이다. 이것이야말로 일에 지배당하지 않고 숨 쉴 공간을 만들어주는 방법이다.

현) 상신EDP 연구소장, 전) 삼성전자 P/L 센터장, 삼성 SDI 배터리 개발팀장

20대에게 전하는 인생 투자의 비밀

윤병국(사학과 04학번)

인생에서 가장 인상적이었던 7년, 직장생활에서 착실히 모은 자금을 토대로 순자산을 100배가량 불리면서 느낀 점들, 나아가 지금까지 철칙으로 삼고 있는 7가지 비기祕技 중 한 가지를 이야기하고자 한다. 약 20년 전으로 돌아가 대학생인 나를 만나게 된다면 해주고 싶은 이야기, 그리고 내 자녀가 대학생이 된다면 해주고 싶은 이야기다.

첫 번째로 강조하고 싶은 것은 "투자나 경제 공부하지 마라"는 역설적인 조언이다. 저금리 시대를 살아가는 젊은이에게는 이런 말이 의아할 수 있다. 하지만 20대 초·중반의 대학생은 흉내 내기는 되더라도 제대로 된 경제를 공부하기가 매우 어려운 상황이다. 어느 정도 규모의 종잣돈(Seed money)이 없기 때문이다. 이 말은 종잣돈이 있어야 투자할 수 있다는 의미는 아니다. 그보다는 자그마한 첫 종잣돈(본인은 최소한 5천만 원이라고 본다)이 모이고 나서야 비로소 어설프고도 어설펐던 경제 공부를 '제대로' 해보고 싶다는 생각이 피어나기 시작했다는 것이다.

경제 기사를 읽고 부동산 유튜브를 보며, 스터디에 참석하고 외부 강의를 듣는다고 하더라도 결국 '실행하지 못하는 경제 전문가'가 될 확률이 농후하다. 종잣돈이 없으면 실전 감각을 익힐 수 없다. 여기서 '실전 감각'이란 군대 생활을 이야기나 귀동냥으로 익힌 것과 직접 경험한 것의 차이를 표현하고 싶어 사용한 단어이다. 실상은 그보다 더 엄청난 차이를 담고 있다.

두 번째로 이야기하고 싶은 점은, '높은 수익률은 함정이고, 사기이고, 도박이다'라는 것이다. 현 기준으로 부동산으로 실투자금의 연평균 약 6~7% 수익률을 달성한다면, 혹은 금융투자로 연평균 약 15% 이상의 수익을 꾸준히 낸다면, 매우 훌륭한 투자 수익을 내고 있다 할 만하다. 하지만 신기하게도 20대는 물론 현재 직장인으로 투자·경제 공부를 한다는 사람조차 이 개념을 제대로 이해하는 사람이 별로 없다는 점이다.

"누가 코인으로 100배 수익을 냈다고 하던데?"라는 말은 마치 "누가 로또에 당첨되었다고 하더라"와 같은 말이다. 운과 도박에 여러분의 소중한 인생과 시간을 걸어서는 안 된다. 돈보다 더 소중한 것들은 마음가짐, 포부, 통찰력 등 수없이 많다.

세 번째, 당신에게 중요한 것은 자금력이다. 높은 수익률이 함정이라면 무엇이 중요한가? '자금력'을 높이는 것이 정답이다. 100원의 1,000% 수익은 10만 원이지만, 100억 원의 5% 수익은 5억 원이다. 젊은 시절, 이 자금 덩어리를 조금이라도 더 크게 형성하는 것이 무엇보다 중요하다. 20~30대의 1억 원은 70~80대의 1억 원보다 훨씬 더 가치 있다. 이자가 복리複利로 쌓이니까? 물론 그렇긴 하지만, 그 대단한 복리라는 단어로 가치를 설명하고 넘어가기에는 그 크기가 너무나도 크다. '시간'이라는 가장 소중한 자원을 양분으로 삼아 무한한 '기회'로 이어지고, '운'도 따라오기 때문이다. 더욱이 '내적 자신감'과 '심리적 안정'까지 안겨준다.

월 40만 원의 돈은 무엇일까? 나에게 월 40만 원이라는 돈은, 1억 원의 자금을 운용할 수 있는 돈이다. 금융비용(돈을 사용하는 대가)이라는 측면에서 하는 말이다. 만약 1억 원의 자금을 은행에서 연이자 5%로 대출받게 된다면, 1년 뒤 1억 원에 500만 원을 더한 돈을 갚아야 하는 약속을 한 셈이다. 연 500만 원의 이자 비용이 발생하고, 이를 12개월로 나누면 약 40만 원, 즉 월 40만 원의 이자 비용으로 계산되는 것이다.

현실적으로 생각해 보자면, 이 글을 쓰는 2024년 상반기 기준으로 보증금 5,000만 원에 월세 120만 원의 집이 있다는 것은 약 3억 5천만 원의 전셋집과 유사한 수준(개략적인 기준)으로 생각할 수 있다. 당신이 30대 초중반에 이르렀을 때, 얼마의 자금력을 가지고 있느냐에 따라 자본 게임에 돌입할 수 있는 '참여권'이 생긴다. 1억 원의 자금은 2~4억 원의, 2억 원의 자금은 4~6억 원의, 3억 원의 자금은 6~8억 원의 부동산 게임에 돌입할 수 있는 '참여권'이다.

마지막으로 강조하고 싶은 것은 'The paradox of effort'. 즉 노력의 역설이다. 20년 전 '유비쿼터스' 시대가 온다고 했듯이, 지금은 AI 시대가 다가오고 있다. ChatGPT로 대표되는 AI의 도래는 우리의 삶을 크게 변화시킬 것이다. 이러한 변화에 적응하기 위해서는 다음과 같은 단계를 따를 수 있다. 먼저, 더 스마트한 AI의 얼리 어답터가 되겠다고 마음먹는다. 그다음, 매일 아침 눈뜨자마자 20분 정도 AI 도구 관련 Shorts(본인은 틱톡을 주로 본다)를 시청한다. 유용해 보이는 Shorts는 카카오톡 공유로 남기고, 누적한 Shorts를 보고 그대로 따라 해본다. 그리고, 이 과정을 약 2~3개월간 지속 반복한다.

여기서 중요한 점은 하기 싫은 일을 참아가며 목표를 향해 노력하지 않아야 한다는 것이다. 그렇게 되면 질리게 될 것이고, 그 감정은 지속 반복할 수 없게 만들어, 결국 지치게 된다. 술 마신 다음 날에 그 일을 반복해도 부담 없는 상태, 즉 지속 반복할 수 있는 행동 체계를 구축하는 것이 중요하다. 이 체계를 견고하게 만들어서 2~3개월은 거뜬히 이어갈 수 있어야 한다. 이것이 바로 '노력'이라는 단어이다. 사람들이 이해하고 있는 '노력'이라는 단어는 잘못된 뉘앙스를 담고 있다. '노력'이라는 단어를 당신 스스로 재정의하길 바란다.

이상으로 7가지 비기 중 하나인 '노력의 역설'에 대해 이야기했다. 나머지 6가지 비기는 다음과 같다. 처세술 제1 법칙인 사람을 움직이는 법, 무의식에 대해 반드시 관심을 가지는 것, 운이 중요하다는 것을 깨닫기, 피아식별의 명확한 기준을 세우기, 화는 복의 얼굴로 복은 화의 얼굴로 온다는 것을 느끼기, 그리고 질릴 만큼 힘겨웠던 내 삶과 수많은 실패를 당신에게 들려주는 것이다. 이 재미난 이야기들이 당신 인생의 소중한 한 갈피가 되길 바란다.

(현) 화장품 책임판매업 관리 이사, 전) 롯데쇼핑㈜ 시네마사업본부 인사(HRM) 및 노무, 공공기관 및 공무원 심사/문항 출제위원

시련과 도전 그리고 열매

이창섭(화학과 75학번)

시련은 우리를 인생의 시험대에 올리는 고난의 과정인가, 아니면 자신을 단련하여 목표하는 바를 이루게 하는 성공의 도우미인가. 때로는 삶이 예기치 않은 방식으로 우리에게 도전을 던질 때가 있다.

우리가 인생의 여정에서 겪는 시련은 고통스럽고 어려운 경험일 수 있다. 그러나 이러한 어려움은 우리에게 소중한 교훈과 성장의 기회를 준다. 시련은 우리를 흔들어 인생의 나락으로 떨어지게 하고 또 지치게 한다. 또한 고난은 우리의 마음을 흔들어 새로운 도전으로 이끌고, 우리의 강인함과 인내심을 시험한다. 성공으로 이끄는 길은 때때로 가시밭길처럼 험난해 보이기도 하지만, 그 길을 통해 우리는 더 강해지고 더 발전한다. 시련을 겪은 만큼 우리는 성장하며, 그 과정을 극복하면서 성공으로 이르는 길에 더 가까이 다가갈 수 있다.

대학원 학생들을 지도하는 것은 항상 도전과 갈등의 연속이다. 대학원 지도는 교육자에게 큰 책임과 도전을 안겨준다. 학생들의 지적 성장을 끌어내는 동시에, 논문 지도자의 역할에서 나타나는 갈등과 어려움이 있다. 대학원 지도에서의 어려움은 연구와 가르침 사이에서 균형을 유지하는 것이다. 논문 지도교수는 학생들에게 새로운 지식을 전달하여 연구를 수행하고 졸업을 시켜야 하는 동시에, 자신의 연구 과제를 수행하고 결과를 내야 한다. 이는 양립하기 어려운 역할이지만, 지속적인 교육의 발전과 학문적 기여를 위해서는 불가피한 도전이다.

지도교수는 학술 연구를 바탕으로 학생들의 지식과 역량 향상을 적극적으로 지원해야 한다. 공부에 의욕이 없는 학생들에게도 동기부여를 하여 졸업 후의 진로 문제를 해결해 주어야 한다. 또한 학생들의 등록금과 학비를 제공하여 안정적인 연구를 할 수 있도록 지원을 해 주어야 한다. 대학원 지도는 고난과 역경으로 가득한 여정이지만, 그 속에서 얻는 보람과 성취는 더 큰 가치를 지니기 때문에 우리가 해야 할 일이다. 여기 시련을 극복하고 적극적인 도전을 하여 마침내 성공의 열매를 맺은 학생들이 있다.

C 군은 실험실에서 성실한 학생이었지만, 아르바이트를 하느라 졸업논문 실험이 잘 되지 않았다. 당시 우리 실험실은 삼성전자의 과제를 수행하고 있었는데, C 군이 담당했던 실험의 결과가 제대로 나오지 않은 것이다. 졸업을 시키려니 논문 발표할 때 다른 교수들의 눈총이 있을 것이며, 본인도 내용이 부족한 졸업논문을 평생 지니고 다녀야 한다. 고민 끝에 졸업을 한 학기 연기시키고 실험을 밀착 지도했다. 몇 달 후 실험은 원하는 결과를 얻었으며, 졸업논문 발표를 잘 마칠 수 있었다. 삼성전자에서의 연구과제 발표회에서도 좋은 평가를

받아 이 학생은 마침내 삼성전자연구소에 특채되었다. 실험 결과가 부족한데 그냥 졸업시켰더라면 연구가 부족한 상태로 사회에 나가게 되었을 것이고, 삼성전자의 특채도 없었을 것이다.

K 양은 학교에서 공동기기실의 조교를 맡아 성실하게 장비 관리를 잘하던 학생이었다. 문제는 자기가 맡은 책무에 충실하다 보니, 의외로 졸업논문 실험에서 진도가 나가지 않았다. 졸업논문 발표가 임박하고 독일로의 연수도 승인이 난 상태에서 연구 결과가 마무리되지 않았다. 독일 연수를 한 학기 미루고 실험을 마무리한 후에, 당시 우리 학교와 독일 대학 간에 진행하던 DAAD 프로젝트로 6개월 연수를 보냈다. 독일에 가서는 얼마나 열심히 했던지 연수를 담당했던 독일의 교수가 6개월 후 이 학생에게 박사 과정 입학과 장학금을 제안했다. K 양은 언어와 문화 차이의 어려움을 극복하고 연구에 매진하여 학위를 잘 마쳤다. 이 학생은 귀국하여 KIST 연구원을 거쳐 현재 삼성전기연구소의 책임연구원으로 잘 근무하고 있으니 지도교수로서 제자가 대견할 따름이다.

R 양은 중국 산동성에 있는 곡부사범대학을 졸업하고, 내 연구실로 박사 과정을 온 중국 학생이었다. R 양은 기본적인 실험은 할 수 있는 상태였으나, 한국어가 익숙하지 않았다. 한국어능력시험 성적은 좋았으나 말은 그에 미치지 못했다. 어학의 장벽은 학문적인 성장을 어렵게 만들 수 있다. 특히 언어의 어려움이 있는 외국 학생들에게는 이러한 어려움은 두 배가 된다. 이런 학생을 지도하는 것은 실험 계획을 제시하고, 학생이 하는 모든 실험 과정을 일일이 확인하고 또 확인하는 수밖에 없다. 이러한 방식은 한참 감수성이 예민한 젊은 여학생

에게는 통제와 압박으로 느껴졌을 것이다.

　매일 10시에 면담 시간을 정해놓고, 전날 한 실험 결과와 당일 할 일을 토론하여 실험을 밀고 나갔다. R 양은 박사 학위 논문 발표를 앞두고 심리적인 부담이 너무 컸던지, 병원에서 심리 상담을 받기도 했다. 그러나 R 양은 끝도 없이 밀어붙이는 나의 지도를 잘 견디어내고, 마침내 유종의 미를 거두었다. 이 학생은 박사 과정 중에 국제전문학술지(SCIE)에 6편의 논문을 게재했으며, 3건의 특허를 등록하는 실적을 내고 최단기간인 3년 만에 학위를 마쳤다. 지금은 중국 라오닝공과대학교 화공과의 부교수로 임용되어 연구 생활을 잘하고 있으니 그저 고마울 따름이다.

　시련은 불필요한 고통이 아니다. 그것은 우리의 내면에서 특별한 힘과 용기를 깨우치게 하는 자연스러운 과정이다. 시련은 우리가 편안한 생활에 안주하기보다 자신과의 도전에 맞서는 법을 배우게 한다. 우리는 어려움을 극복하는 과정에서 더 뛰어난 인격을 형성하고, 더욱 연구와 일에 매진하여 성공으로 향하는 동기를 갖게 된다. 성공으로 이르는 길은 힘들고 고통스러우나, 시련은 이러한 과정을 통해 우리의 인생을 더욱 가치 있게 만들어준다. 시련과 고난 없이 이루는 성공은 어쩌면 자신을 더 높은 경지에 이르게 하는 기회를 얻지 못한 채 가지는 아쉬운 성공이다. 시련은 성공으로 이르는 필수조건은 아니지만, 우리가 더 큰 성공을 이루는 데 필요한 도전과 성장의 기회이다.

　학생의 졸업을 연기시켜 어려움을 주었던 나는, 지금 주위의 교수들로부터 부러움을 받고 있다. 두 차례나 졸업을 연기시키고, 또 받지 않아도 될 외국 학생을 받았을 때는 모두 내가 실수했다고 했다. 그러나 지방 사립대학에서 세계적인 기업과 학교에 책임연구원과 교수로 취업이 된 졸업생을 제자로 둔 것은 충분히 좋은 성과라고 할 수 있다. 학생을 제대로 된 작품으로 만들기는 힘들었지만, 그 열매는 가치가 있었다. 맹자님이 말씀하신 '군자삼락君子三樂'이 이런 것이 아닌가 싶다.

경북대 대학원 졸업(1981년), 미국 오리건주립대학교 졸업(Ph.D.)
현) 계명대학교 명예교수, 수필가, ㈜실리칸 연구소장

창의성의 씨앗
역경을 넘어 피어나는 인생의 꽃

황현숙(생물교육과 79학번)

사회에 막 첫발을 내딛는 후배들은 앞에 펼쳐진 길이 때로는 두렵고 막막하게 느껴질 것이다. 하지만 기억하라. 창의성은 우리가 지닌 가장 강력한 무기이다. 그것은 단순한 사고의 유연성을 넘어 삶의 모든 순간을 새롭게 해석하고 재창조하는 근원적 능력이다. 앞으로 마주할 수많은 도전과 역경 속에서 이 창의성이야말로 가장 믿음직한 동반자가 될 것이다.

1979년, 나는 생물교육과에 입학했다. 주변에서는 나를 "현숙 79는 천재야"라고 불렀지만, 실상 나는 15학점을 채우지 못해 한 학기를 더 다녀야 할 정도로 '피나는 노력형' 인간이었다. 하지만 이러한 상황이 오히려 축복이 되었다.

세상이 말하는 '천재성'이란 허상에 가까운 것일지도 모른다는 생각이 든다. 진정한 창의성은 끊임없는 도전과 실패, 그리고 다시 일어서는 과정에서 싹트는 것이다.

교직 생활 초기에 나는 '둔재'라는 평가를 받은 적도 있었다. 29년을 함께 산 남편에게서, 또 한 교장 선생님에게서 그런 말을 들었다. 하지만 그것이 나를 멈추게 하지는 못했다. 오히려 그런 평가들이 새로운 방식을 찾게 만드는 원동력이 되었다. 수업 방식을 혁신적으로 바꾸어보았다. 생물 수업에 연극적 요소를 도입하고, 학생들과 함께 교과서 내용을 랩으로 만들어 부르기도 했다. 놀랍게도 이 '엉뚱한' 시도들이 학생들의 큰 호응을 얻었고, 그해 스승의 날에 학생들은 내게 '노벨 교사상'을 안겨주었다. 그 상은 지금도 내 인생의 보물로 남아있다. 교직의 가장 큰 매력은 인재를 키워내는 것이고, 그것은 남다른 수업 방식을 통해서 가능하다는 것을 깨닫게 되었다.

34년 동안 열세 개 학교를 옮기며 근무했다. 매번 새로운 환경에 적응해야 했지만, 각 학교에서의 경험이 새로운 교육 방식을 발견하는 계기가 되었다. 예를 들어, 시골 학교에서는 학교 텃밭을 활용해 생태교육을 진행했고, 도시 학교에서는 빌딩 숲을 통해 광합성을 설명했다. 상황의 제약이 오히려 창의적 해결책을 찾게 만든 것이다. 수시로 맞닥뜨리는 주위의 부정적인 평가에 좌절하지 않기를 바란다. 그것은 자신의 창의성을 자극할 또 다른 기회일 수 있다.

학교를 옮길 때마다 매번 새로운 환경, 새로운 도전이었다. 하지만 각각의 경험이 창의성의 새로운 차원을 열어주었다. 사회생활을 하다 보면 수많은 변화와 도전을 마주하게 될 것이다. 그때마다 기억하라. 변화는 두려움의 대상이 아닌, 창의성을 키우는 자양분이라는 것을.

시인으로 등단한 후, 나는 '패러디의 여왕'이라는 별명을 얻었다. 기존의 것을 새롭게 해석하고 변형하는 이 작업이 내게는 큰 즐거움이다. 지금 하고 있는 일도 기존의 방식만 고수할 것이 아니라 조금

번거롭더라도 자신만의 방식으로 재해석하고 새로운 일로 만들어낼 수 있다. 그것이 바로 창의성의 본질이다.

특히 강조하고 싶은 것은 창의성과 긍정성의 관계다. 자신의 삶을 사랑하고, 현재의 순간을 감사히 여기는 태도는 창의적 사고의 밑거름이 된다. 사회에 나와 인생의 항해를 막 시작하는 여러분의 앞에 놓인 길이 생각보다 험난할지라도, 그 여정 자체를 사랑하고 즐기길 바란다. 결국은 내가 가고자 하는 목적지에 도달할 것이므로.

세상은 후배들의 가능성을 의심할지 모른다. 때로는 자기 자신도 그럴 것이다. 하지만 위대한 혁신과 변화는 언제나 불가능해 보이는 순간에서 시작되었다. 아프리카의 작은 마을 출신 소년 윌리엄 캄쾀바는 학교조차 다닐 수 없는 극빈 상황에서도, 도서관에서 독학한 지식으로 풍력발전기를 만들어 마을에 전기를 공급했다.

방글라데시의 무하마드 유누스Muhammad Yunus는 경제학자이자 사회운동가로, '가난한 사람들의 은행가'로 불린다. 그의 혁신적인 소액대출 시스템 개발과 빈곤 퇴치 노력으로 2006년 노벨평화상을 수상했다. 유누스의 혁신적인 아이디어는 1974년 방글라데시 기근 당시에 시작되었다. 치타공대학교 경제학과 교수였던 그는 마을의 가난한 여성들이 고리대금업자들에게 착취당하는 현실을 목격했다. 대나무 의자를 만드는 한 여성이 27달러가 필요했지만, 은행에서는 대출을 거절했고 사채업자들은 터무니없는 이자를 요구했다. 이를 계기로 유누스는 1976년 자신의 돈으로 42명의 여성들에게 총 27달러를 무담보로 대출해 주었다. 놀랍게도 모든 여성이 돈을 정직하게 갚았고, 이는 그라민 은행(Grameen Bank, '마을의 은행'이라는 뜻)의 시작이 되었다.

이처럼 역사적 혁신가들은 불가능해 보이는 상황 속에서도 창의성과 끈기로 새로운 길을 열었다. 그들의 시작은 미약했지만, 그들이 품은 꿈과 창의성은 결코 작지 않았다. 기존의 것을 바꾸려는 작은 시도가 언젠가는 세상을 바꾸는 큰 혁신이 될 수 있다는 것을 잊지 말기를 바란다. 누구나 각자의 내면에는 무한한 창의성의 씨앗이 잠재해 있다. 그것을 믿고 키우고 꽃피우는 것은 이제 자신의 몫이다.

사회 첫발을 내딛는 이 순간 두려움보다는 설렘을, 불안보다는 호기심을, 그리고 한계보다는 가능성을 더 크게 보라. 일하던 중 반짝하고 발현되는 창의성은 어떤 난관도 극복할 수 있는 힘이 될 것이다. 앞에 놓인 도전들이 언젠가는 나만의 독특한 이야기가 되어 다른 이들에게 영감을 줄 것이다.

취업 준비를 하는 후배가 얼마 전 이런 말을 했다. "선배님, 저는 특별한 것이 없어요." 나는 그에게 말했다. "특별함은 만들어지는 거야. 네가 지금 가진 평범한 경험들을 어떻게 해석하고 활용하느냐가 중요한 거지." 실제로 그 후배는 얼마 후 아르바이트 경험을 통해 얻은 자신감으로 원하는 회사에 입사할 수 있었다.

창의성은 결코 타고나는 것이 아니다. 그것은 도전하고, 실패하고, 다시 일어서는 과정에서 만들어지는 것이다. 직장생활을 할 때나 창업의 과정이 때로는 힘들고 외로울지라도, 그 과정 자체가 나 자신을 더욱 단단한 존재로 만들어갈 것이다.

교직생활 34년, 현재 묵동성당 7구역장으로 봉사

5부
창업과 취업, 시작의 기술

최정은 | 직장과 꿈 사이에서 균형을 잡으려면
김정도 | 푸시에서 통합메시지까지 - 개발자의 솔루션 사업 도전기
신기수 | 진로 선택, 잘하는 일과 좋아하는 일 사이에서
위현복 | 창업을 꿈꾸는 이들에게
정진동 | 장벽을 넘어서 전진하자
진유항 | 취업부터 창업까지의 도전과 극복
최희식 | 운명적인 만남이 나의 삶을 바꾸다
황길정 | 계획과 행동의 균형, 창업 경험에서 배우는 삶의 지혜

직장과 꿈 사이에서
균형을 잡으려면

최정은(전자공학부 23학번)

저는 학창 시절 내내 학교 선생님들의 칭찬을 한몸에 받던 모범생이었습니다. 제 입으로 말하기에는 부끄럽지만, 초등학교 4학년 때 담임 선생님이 저에게 "너는 무엇을 해도 성공할 아이다"라는 말씀을 하셨을 정도로 착실하게 자라왔습니다. 그리고 부모님이 원하던 경북대학교 자연과학 자율전공에도 입학했습니다.

저는 대한민국의 입시 커리큘럼을 충실하게 따르는 많은 학생 중 한 명이었던지라 내가 무엇을 하고 싶은지, 무엇을 잘하는지 명확하게 알지 못했습니다. 그저 "자율전공부에서 전자공학부를 안 가면 손해다", "전자공학부가 취업이 잘 된다"라는 주변 사람들의 말에 휩쓸려 전자공학부에 진학하게 되었습니다. 1년 동안 전공수업을 들으며 저랑 맞지 않는다는 것을 알고 있었지만, 다른 과에 가면 취업이 힘들 거라는 두려움에 전자공학부를 선택했습니다.

지금은 그 선택을 후회합니다. 무엇을 하고 싶은지 자신에게 물어

보지도 않은 채, 그저 남들의 말만 듣고 전공을 선택했던 지난날 저의 행동을 매우 후회합니다. 1학년 때 여러 과를 탐색할 수 있는 자율전공부의 특권을 스스로 저버렸습니다. 하지만 이런 후회가 있었기에 저는 내면의 목소리를 들을 수 있는 사람이 되었습니다.

애플의 설립자인 스티브 잡스가 "Connecting the dots"라는 유명한 말을 했습니다. 지금 당장은 전혀 쓸모없어 보이는 경험일지 몰라도 그것들이 쌓여서 결국 현재의 나를 만든다는 뜻입니다. 저는 올해 이것을 깨달았습니다.

고등학교를 다닐 때 이유는 모르겠지만 '대학생이 되면 꼭 봉사활동을 해야지!'라는 생각을 하고 있었는데, 2023년도 하계 재능봉사 캠프에 합격하여 팀원들과 봉사 센터에서 4일간 봉사를 했습니다. 아이들이 좋아할 만한 프로그램을 준비하고, 아이들이 정해진 규칙을 지키지 않으면 혼내기도 하고, 또 같이 놀면서 제 안의 무언가가 채워지는 느낌이 들었습니다. 고된 하루가 끝나고 집에 가면 같이 찍었던 사진을 돌아보며 하루를 뿌듯하게 마무리했습니다.

봉사캠프가 끝나자 팀원들은 "다시는 이 프로그램 안 해. 아이들이 내 말을 안 들어서 너무 힘들어"라고 했습니다. 놀랍게도 팀원들 중에 저만 이 봉사를 또 하고 싶다고 생각했던 것입니다. 또 다른 팀원이 저에게 "너는 아이들을 다루는데 되게 능숙하네. 신기하다"라는 칭찬을 하자 더욱 놀랐습니다. 그때야 저는 아이들의 눈높이에서 얘기하는 것을 잘한다는 것을 깨달았고, 관련 직종을 알아보던 중 심리학과에 관심이 생겼습니다.

이후 심리학과 교수님과 간단한 면담도 했는데, 제가 생각하는 심리학과와 실체가 상당한 괴리감이 있다는 것을 알게 되었습니다. 그래도 일단 부딪혀보기 위해 이번 2024학년도 2학기 때 심리학과 전공을 수강하려 합니다. 만약 심리학과의 공부가 저랑 잘 맞는다면 초과학기를 해서라도 복수전공을 할 계획입니다.

최근에는 제 이름을 건 판타지 소설을 출판하고 싶다는 꿈이 생겼습니다. 어릴 때부터 가상의 세계관을 배경으로 한 작품을 읽는 것을 좋아했고, 중학생 때는 도서관 사서 봉사를 하며 점심 시간에 소설을 읽기도 했습니다.

정확히 기억나지 않지만, 중학교 3학년 즈음에 남혜인 작가의 《아도니스》라는 작품을 접했습니다. 전 12권을 몇 개월에 걸쳐서 읽으면서 점점 성장해가는 주인공을 보며 수없이 눈물을 흘렸습니다. 그러다 고등학생이 되고 나서는 독서를 꾸준히 하지 못했고, 그렇게 소설을 즐겨 읽던 습관이 점차 희미해져 갔습니다. 대학생이 되자 어느샌가 판타지 소설을 쓰고 싶다는 꿈이 제 마음속에 싹을 틔웠습니다.

지금은 제가 좋아했던 여러 작품들을 분석하며 저만의 세계관과 등장인물, 전반적인 틀을 구상하고 있습니다. 매일매일 작은 영감을 얻으면서 소설을 구성해 나가는 경험은 정말 뿌듯합니다. 훗날 국내에서 저의 소설이 많은 사랑을 받는다면 제가 영어로 번역을 해 해외에서도 출판하고 싶다는 목표도 있습니다.

하지만 지금은 상상할 때가 아니라 계산해야 할 때라고 생각합니다. 명성을 떨친 작가가 되면 어떤 기분일까가 아니라 어떻게 해야 그 자리에 설 수 있을까를요. 가끔 좋은 아이디어가 떠올랐을 때 제 뇌의 절반은 '아, 정말 멋진 스토리다'라고 하고, 나머지 절반은 '이 스토리가 정말 매력이 있을까?'라고 생각합니다. 이러한 과정을 통해 나만의 색깔이 담긴 이야기를 만들어내는 것이 무엇보다 중요할 것입니다.

세계적인 가수 테일러 스위프트는 본인이 작사 작곡한 앨범을 들고 무작정 레이블의 문을 두드렸다고 합니다. 저도 '주변 사람들이 뭐라고 생각하든 개의치 않아'라는 괴짜의 마음으로 앞으로의 인생을 살아가려고 합니다. 이 짧은 글이 제 작가 활동의 첫걸음이 될 수도 있다는 생각을 하니 매우 기쁩니다.

'직장에 취업해서 안정적인 월급을 받으며 살 것이냐, 아니면 불안정한 수익을 감수하더라도 하고 싶은 일을 하면서 살 것이냐'라는 질문을 자신에게 던집니다. 저는 후자의 길을 선택해 모험을 해보려고 합니다. 남들이 걷는 정해진 길(正道)에서 벗어나 아무도 걸어보지 않은 미지의 길을 걷는다는 것은 상당히 두렵습니다. 하지만 그만큼 떨리고 설렙니다. 전공을 살리지 않아도 하고 싶은 일을 최선을 다해 노력한다면 제 미래는 무궁무진할 것임을 믿고 나아갈 것입니다.

돌이켜보니 고등학교 3학년 때 담임 선생님이 대학교에서 많은 경험을 해보고 꿈을 찾으라고 했던 조언이 무척이나 귀중했음을 깨닫습니다. 지금도 끊임없이 고민하고 불확실한 미래에 대해 불안해하지만, 그 와중에 행복을 찾는 삶을 살아가려 합니다. 이런 과정을 통해 진정한 저를 발견하고, 제가 정말로 원하는 삶의 방향을 찾아갈 수 있을 것이라 믿습니다.

선배님들께 여쭙고 싶습니다.
질문 하나, 전공과 다른 길을 선택하신 경험이 있으신가요?

그 과정에서 어떤 어려움을 겪으셨고, 어떻게 극복하셨나요?
질문 둘, 안정적인 직장과 꿈을 좇는 삶 사이에서 균형을 잡는 방법이 있을까요?
질문 셋, 대학생활 중 자신의 적성과 꿈을 찾기 위해 어떤 활동들을 해보면 좋을까요?
질문 넷, 불확실한 미래에 대한 불안감을 어떻게 다루시나요?

선배님들의 경험과 조언이 앞으로 제가 나아갈 방향을 결정하는 데 있어 귀중한 참고가 될 것입니다. 바쁘신 와중에 시간 내어 조언해 주신다면 정말 감사하겠습니다.

푸시에서 통합메시지까지

– 개발자의 솔루션 사업 도전기

김정도(컴퓨터학과 99학번)

나는 통합메시지 솔루션을 개발 및 판매하는 일을 하고 있다. 부연 설명하자면 모바일 앱에 전달하는 무료 알림 문자인 푸시알림을 우선 발신하고, 푸시알림이 전달되지 않는 사용자에게 유료 알림 문자인 SMS, MMS, 카카오 알림톡을 전달하는 기업용 메시지 솔루션이다.

2000년 초 모바일 보안 솔루션 회사에서 개발자로 일하면서 푸시 알림이 폰에 잘 전달되지 않고, 전달하더라도 늦게 전달하는 문제가 있었다. 특히 한 번에 많은 푸시알림을 발신하는 경우 푸시알림이 유실되거나 몇 시간 뒤에 전달하는 게 골칫거리였다. 보안 앱 특성상 신속하고 유실 없이 전달해야 하는 상황이라 고속으로 전달하는 푸시 알림 솔루션을 알아보게 되었는데 마땅한 솔루션이 없었다. 그나마 IBM의 웹스피어MQ라는 솔루션이 제일 근접한 솔루션이었는데, 고가의 가격임에도 대량으로 푸시알림 발신 시 수십 분에서 수 시간 지연되어 전달하는 문제는 해결되지 않았다. 이 경험을 통해 유실 없이 고속으로 푸시알림을 전달하는 솔루션의 필요성을 체감했다. 특히 금융권, 대형 마케팅 회사, 대형 공공기관에서 해당 솔루션에 대한 니즈는 있는데 솔루션이 없는 상황이라는 게 눈에 들어왔다. 즉 유실 없는 고속 푸시 솔루션을 시장에 내놓으면 독과점 제품이 되는 상황인 것이다.

푸시알림 솔루션은 구글과 애플의 푸시 서버에 발신 요청해서 전달하는 퍼블릭 푸시 솔루션과 자체 푸시 서버를 구현하여 자체 서버에서 직접 푸시알림을 폰에 전달하는 프라이빗 푸시 솔루션으로 크게 나뉘는데, 퍼블릭 푸시 솔루션은 퍼블릭 푸시 서버의 제한을 받아 성능의 한계가 존재하지만 프리이빗 푸시 솔루션은 제품 구현에 따라 성능의 제한이 없다. 앞서 언급한 IBM의 웹스피어MQ가 대표적인 프라이빗 푸시 솔루션인데 대량 발신 시 지연 전달되는 고질적인 문제가 있는 상황이었다. 고속 메시지 처리 기술과 대량 동접 처리 기술이라는 2가지 기술 장벽을 극복하면 고속 프라이빗 푸시 솔루션 개발이 가능하다는 결론을 얻었다.

마침내 2014년 초 개인사업자 등록을 하고 개발 기간 3년 계획으로 솔루션 개발에 착수했다. 보통 투자 방안이나 마케팅 및 영업 방안을 강구한 후 사업을 시작하는데 나는 그런 걸 전혀 염두에 두지 않았다. 최대한 빠른 시간에 시장에 제품을 출시하면 독과점 솔루션을 팔 수 있기 때문에 빠른 제품 개발과 빠른 출시에 올인했다. 2016년 중반 MVP 제품 개발 완료 후 수개월간 성능 테스트를 진행하면서 기대 이상의 성능 결과에 마음은 이미 꽃길을 걷고 있었다. MVP 제품의 웹 부분을 외주 개발사에 맡겨 웹 디자인만 완성하면 상용제품이 되는 상황이어서 개발 완료 예상 시점인 2017년 초 개인사업자를 법인사업자로 전환했다. 제품 판매로 매출이 발생하면 법인회사가 세금에 유리하기 때문이다.

그러나 외주 웹 개발업체의 개발 지연으로 2017년 초 상용제품 출시 일정에 차질이 생겨 웹 디자인 인력을 직접 채용하여 웹 개발도 회사 내부에서 진행했다. 예정보다 1년 정도 개발 일정이 지연되어 2017년 말 상용제품 형태가 완성되었다. 그 후 일사천리로 2018년 1월 알파테스트 진행, 2월 TTA 공인 성능 테스트 인증 진행, 3월 베타테스트를 진행했다. 베타테스트를 진행하면서 회사 블로그에 솔루션 홍보 글을 올렸다. '세계 유일 유실 없는 실시간 푸시알림 솔루션'이라는 캐치프레이즈로 홍보 글을 올렸는데, 해당 블로그를 보고 솔루션 문의가 들어오기 시작했다. 국민은행, 현대캐피탈, 우체국과 같은 대형 금융권과 중대형 마케팅 솔루션 회사 등 베타테스트 한 달 만에 7개의 중대형 업체의 제품 문의가 쇄도하면서 베타테스트 기간에 독과점 솔루션의 현실화 과정을 즐길 수 있었다.

솔루션 문의 고객 중 모 마케팅 솔루션 업체가 가장 적극적으로 솔루션 연동 개발과 테스트를 진행했는데, 베타테스트 한 달쯤 지난 시점에 해당 업체에서 최신 안드로이드폰에 푸시알림이 전달되지 않는다는 연락이 왔다. 확인해 보니 2018년 초 국내에 풀리기 시작하는 안드로이드 8.0부터 백그라운드 앱에서 퍼블릭 푸시 서버를 제외하고는 네트워크 통신을 막으면서 자체 서버에서 직접 푸시알림을 발신하는 프라이빗 푸시 방식이 불가해진 것이다. 2008년 안드로이드 출현 이후 약 10년간 백그라운드 통신을 허용하다가 내가 프라이빗 푸시 솔루션 출시 시점에 정책이 바뀐 것이다. 실제 2018년 초 안드로이드 8.0 출시 이후 프라이빗 푸시 시장 자체가 소멸한 상태다. 솔루션 출시 직전 베타테스트 시점에 맞이한 청천벽력 같은 현실에 제정신을 유지하기가 쉽지 않았다. '아! 내가 전생에 죄를 많이 지었구나.' 당시 내가 내린 결론이었다.

예상대로 이후의 사업은 고난의 행군이었다. 모든 자금을 제품 개발과 빠른 출시에 올인하여 제품 출시 시점에 남아있는 자금도 바닥 상태였고, 인건비 주기도 어려워 몇 명 안 되는 인력도 유지하기가 어려웠다. 그나마 주요 개발을 내가 직접 개발한 상태라 기존 프라이빗 푸시 방식을 퍼블릭 푸시 방식으로 변경하여 2018년 7월 퍼블릭 푸시 솔루션을 출시했다. 프라이빗 푸시를 개발하면서 축적된 고속 메시지 처리 기술을 보유하여 타 퍼블릭 푸시 솔루션 대비 월등한 발신 성능을 보였다. 성능이 좋으니 2~3년 고생하면 시장에 안착할 수 있을 것이란 기대감으로 마음을 다잡았다.

그러나 독과점 솔루션을 출시하는 것과 기존 솔루션이 있는 상황에 후발주자로 성능 좋은 퍼블릭 푸시 솔루션을 출시하는 것은 영업에 있어서 하늘과 땅 차이였다. 솔루션 주요 고객이 금융기관, 대형 공공기관이라 고객사의 영업망을 뚫는 게 예상보다 어려웠다. 고객사와 접촉해도 계약 막바지 단계에서 레퍼런스 부족으로 계약에 실패하는 과정이 몇 년간 지속되었다. 제품 영업이 예상보다 백 배는 어려운 것 같았다. 거의 무료로 솔루션을 제공하여 레퍼런스를 확보하면서 제품 출시 후 약 5년이 지난 2022년에야 대형 고객사에 제값을 받고 솔루션 계약에 성공했고, 이후 해당 자금으로 영업 구색을 어느 정도

갖추었다. 아직은 안정적으로 시장 안착에 성공했다고 말하기는 어렵지만, 출시 시점보다 상황이 나아진 정도이다.

사업을 시작하고자 하는 후배가 있다면 굳이 사업을 권장하지는 않을 것 같다. 너무 힘들기 때문이다. 자기 생활을 하기 어렵고, 언제 예상치 못한 어려움에 처할지 모르기 때문이다. 나는 사업을 하고자 하여 시작한 게 아니라 어쩌다 보니 독과점 시장을 발견했고, 구현 가능성을 확인했으며, 당시 열정이 있었기 때문에 계획 없이 뛰어든 케이스다. 시장의 요구는 있지만 솔루션이 없는 시장을 발견하는 게 쉽지 않고, 또한 그걸 구현하는 것도 쉽지 않을 뿐더러, 구현하더라도 운이 없으면 시장이 사라져 버리는 것이다.

그래도 굳이 사업을 하고자 하는 후배가 있다면 철저히 준비하고 시작하라는 원론적인 이야기를 먼저 하고 싶다. 자금 조달 방안, 제품 개발 방안, 영업/마케팅 방안을 계획하고 실행할 확신이 있다면 좀 더 안정적으로 사업을 영위할 수 있을 것이다. 사업을 시작한 후엔 되돌리기가 쉽지 않기 때문이다. 나도 자금조달, 영업/마케팅 방안을 계획하지 않고 뛰어든 케이스여서 그 어려움을 온몸으로 체감했다.

사업을 하려는 후배에게 해줄 또 다른 말은 가능성을 확신한다면 운을 스스로 만들라는 것이다. 프라이빗 푸시 제품 출시 시점에 시장이 사라지는 경험을 하다 보니 '아 참 운 없다'라고 스스로 생각한 적이 많았다. 자금 압박을 받는 경우가 많아 하루는 식당에서 밥을 먹으면서 진담 반 농담 반으로 "오늘도 밥숟가락을 들게 해주셔서 감사합니다"라고 말하니 주위에서 빵 터진 일화도 있다. 현재 솔루션을 퍼블릭 푸시 방식으로 변경하여 후발주자로 퍼블릭 푸시 시장에 뛰어들어서 예상보다 백 배 정도 힘들게 사업하고 있지만, 제품의 차별성을 유지하기 위해 제품 내실화에 손을 놓지 않고 있다. 언제 어떻게 기회가 올지 모르고, 기회가 왔을 때 잡을 수 있는 것은 제품의 품질이며 이는 결국 노력이 뒷받침되어야 한다. 스스로 운을 만드는 유일한 방법은 노력이다. '안정적으로 시장 안착도 못 한 상황에서 이런 말을 후배들에게 해줄 입장인가'라는 생각도 들지만, 어쩌다 사업에 뛰어든 사람이 사업의 보릿고개를 겪으며 얻은 조언 정도로 생각하면 좋을 것 같다.

현) ㈜래셔널아울 대표

진로 선택
잘하는 일과 좋아하는 일 사이에서

신기수(공법학과 87학번)

대학을 졸업하고 30년이 지나고 보니, 이상주의와 현실주의 사이에서 나는 어디쯤 서 있는가를 되돌아보게 된다. 모험과 도전을 그린 서머싯 몸의 소설 《달과 6펜스》처럼 어느 하나만을 지향할 수는 없기 때문이다. 또 하나의 갈림길은 재미와 의미 둘 중에서 어떤 선택을 하느냐다.

1960년대에 태어난 선배가 2000년 이후에 태어난 후배들을 위한 조언이 과연 도움이 될까 싶지만, 그래도 하나의 참조 사례는 될 수 있겠다는 생각도 들었다.

우선 전공과 연령부터 밝히는 게 좋겠다. 사람은 어쩔 수 없이 자신이 처한 시대와 함께 호흡하기 때문이다. 공법학과 87학번인데, 책을 조금 좋아하는 편이어서 대학에 다닐 때는 동네 서점을 하고 싶었다.

하지만, 로망과 현실은 다르지 않은가. 꿈은 꿈이고, 현실은 현실이니까. 어쩌다 보니 대우그룹의 한 제조업체에 입사하게 되었고, 뜻하지 않게 홍보팀에서 일하게 되었다. 인생이란 우연과 필연의 중간 쯤에서 결정되는지도 모른다.

입사 후 3년 만에 IMF 외환 위기를 맞았고, 이후에 대우그룹이 해체되는 운명을 맞게 되었다. 2001년 벤처 열풍이 지나간 시점에 벤처기업으로 옮겼다. 막차였다. 3년 정도 바닥부터 시작해야 하는 쓴맛을 봐야 했다. 대구에서 서울로 거주지를 옮겨야 했고, 회사는 흡수합병과 분리독립을 하는 우여곡절을 겪었다.

그때 진로에 대해 고민했다. 좋아하는 일과 잘하는 일 사이에서. 당연히 좋아하는 일을 선택했다. 좋아해야 오래 할 수 있기 때문이다. 대학 때 로망이었던 동네 책방을 할 수는 없었다. 인터넷서점의 영향으로 서점은 한계가 있기 때문이다. 그렇다고 출판사에서 일하고 싶지도 않았다.

이미 직장인이 아니라 절반은 사업자의 길을 가고 있었기 때문에 어떤 직장에 시간을 저당 잡히고, 누군가의 지시를 들으면서 일하는 삶이 내 성향과 맞지 않는다는 걸 체감했기 때문이다. 그래서 생각한 것이 '독서경영 교육회사'였다.

하지만, 신생 회사에 독서경영을 맡길 기업은 많지 않았다. 결국 독서모임부터 시작하면서 글쓰기 프로그램과 독서토론 프로그램을 개발했다. 2008년이었다. 당시만 해도 성인들을 위한 독서 모임은 사업화되어 있지 않았고, 책을 좋아하는 사람들끼리 운영하는 정도였다.

회사는 3년만 버티면 5년을 버틸 수 있고, 또 10년을 생존할 수 있다고 말한다. 어떻게든 버티면 사업 경력이 쌓이면서 회원도, 거래처도, 매출도 누적되기 마련이다. 해봐야 한 해 매출이 10억 원도 안 되었지만, 대한민국에서 책을 좋아하는 사람이라면 한 번쯤은 들어봤을 독서공동체로 성장시켰다.

'우정과 환대의 독서공동체'라는 슬로건으로 책을 좋아하는 사람들의 해방구 역할을 했다고 자부한다. 하지만, 10년 넘게 회사를 운영하다 보니 매너리즘에 빠지기도 하고, 좀 더 큰 비즈니스를 하고 싶어졌다. 그때 발견한 아이템이 '예술 감성교육' 콘텐츠였다. 이제 이성의 시대는 가고, 감성의 시대가 온다고 생각한다. 논리와 효율이 아니라 공감과 감성이 필요한 시점에 예술이 좋은 도구가 될 수 있다고 판단했다.

사업은 혼자서 할 수가 없다. 뜻이 통하는 협력의 파트너를 잘 만나야 한다. 그래서 인생도 사업도 '운칠기삼'인지 모른다. 그런 귀인을 만나는 일도 자신이 좋아하는 일을 계속 탐구하다 보니 만난다고 생각한다.

㈜즐거운예감을 창업한 지 이제 3년이 지났다. 직장생활을 하는 동기들은 다들 퇴직 이후를 고민하지만, 젊은 시절을 사업하면서 고생했더니 삶이 드라마틱하다. 큰 좌절을 자주 겪었지만, 지나고 보면 자산이 되었다. 상처가 훈장이 되었다.

사람은 누구나 저마다의 인생관과 가치관으로 살아간다. 어떤 인생을 살지, 어떤 가치를 둘지는 자신이 설계하고 판단한다. 잘하는 일을 할지, 좋아하는 일을 할지. 안정적인 일을 할지, 자유로운 일을 할지. 그런 선택을 고민한다면 좋아하는 일을 하는 걸 추천한다.

좋아하는 취미도 일이 되면 재미가 없다고 한다. 취미는 하고 싶을 때 하지만, 일은 하기 싫을 때도 해야 하기 때문이다. 좋아하는 일을 해도 싫어질 때가 있는데, 좋아하지 않은 일을 해야 한다면 그 삶은 얼마나 고통스러울까.

워라밸(work-life balance)은 서구에서는 1970년대부터 있었지만, 우리나라는 2017년부터 유행하기 시작한 신조어다. 일과 삶의 균형이 중요해진 시대다. 1인당 소득이 3만 달러가 넘으면, 절대 빈곤을 걱정하지 않아도 되는 시대이다. 문제는 어떤 삶을 사는 게 행복하고 재미있느냐다. 내가 행복해지기 위해 선택해야 할 직업도 있을 수 있고, 직업과는 별개로 취미를 가질 수도 있다. 그 선택은 각자의 가치관과 인생관에 따라 달라질 수 있다.

지루한 일상이 아니라 설레는 인생이 되는 방법은 어쩌면 가까이 있는지도 모른다. 그대, 무슨 일을 할 때 가장 시간 가는 줄 모르는가? 그 일을 직업으로 만들 수 있는가? 그걸 찾았으면 매진하면 좋겠다. 좌충우돌하는 과정이 있겠지만, 그런 과정에서 어떤 바람에도 흔들리지 않는 뿌리 깊은 나무처럼 될 수 있으니.

현) ㈜즐거운예감 대표

창업을 꿈꾸는 이들에게

위현복(사회학과 80학번)

창업의 여정은 마치 험준한 산을 오르는 것과 같다. 힘들고 고된 길이지만, 정상에 올랐을 때의 그 짜릿한 성취감은 이루 말할 수 없다. 35년 전 여론조사 회사를 시작했을 때를 떠올려본다. 그때의 설렘과 두려움, 그리고 끝없는 가능성에 대한 기대가 아직도 생생하다.

1984년 2월, 대학 졸업을 앞둔 나는 기업은행 종로지점에 첫발을 내딛었다. 67명의 직원 중 신입 행원으로 계산계 주임을 맡았지만, 매일 2,500여 장의 전표를 다루는 일은 나에게 큰 도전이었다. 1원 차이로 사흘을 꼬박 새운 경험 후, 이것이 내 평생 직업이 될 수 없다고 판단했다. 6개월 만에 사직하고 대학원에 진학했다.

대학원과 군 복무를 마친 1989년 10월, 나는 친구들과 함께 새로운 도전을 시작했다. 사회학 전공을 살려 여론조사 회사를 창업한 것이다. 민주화의 열풍과 함께 다가올 지방자치 시대를 내다보며, 우리는 '온-여론조사연구소'를 설립했다. '온'은 순수한 우리말로 백(100)

을 뜻하는 완전수다. 여론조사에서도 통계 숫자 100.0%를 전부로 하는 것과 뜻이 같아서 우리말 '온'을 공동 사명으로 하여 각 지역 대학 출신들이 힘을 합쳐 리서치 회사를 설립했다.

1990년 첫해는 기대 이상의 성과를 거두었다. 매일신문과의 선거조사, 대구시 버스 노선 조정 여론조사, 대구MBC 창사기념 특집 조사 등을 성공적으로 수행했다. 그해 말, 매일신문과 연간 조사 계약을 체결하며 우리의 역량을 인정받았다.

당시에는 창업이라는 개념도 지원 제도도 미비했다. 우리는 선례 없이 오직 경험으로 성장해 나갔다. 35년이 지난 지금, 그때의 작은 시작이 50여 명이 일하는 중견 지식산업기업 '리서치코리아'로 성장했다.

창업의 경험은 나에게 끊임없는 도전 정신을 심어주었다. 지금도 나는 기후/에너지 분야에서 새로운 모험을 이어가고 있다. 이러한 경험을 바탕으로 나는 후배들에게 창업의 중요성을 강조하고 싶다.

취업도 중요하지만 젊은이들의 창의력과 도전 정신을 살리는 데는 한계가 있다. 창업은 다양한 기회를 제공하며, 개인의 취향과 역량에 맞는 일을 찾을 수 있는 최적의 방법이다. 대학생활 동안 쌓은 경험과 지식을 바탕으로 같은 꿈을 가진 동료들과 함께 창업에 도전하는 것은 얼마나 멋진 일인가.

창업에는 정년이 없다. 40대 중반부터 은퇴를 고민해야 하는 직장인들과 달리 창업가들은 나이에 구애받지 않고 끊임없이 도전할 수 있다. 성공한 창업가의 DNA는 지속적인 혁신과 도전을 자극한다.

경북대학교와 대구시가 창업의 메카로 거듭나길 바란다. 보수적이라는 이미지를 벗고, 진취적이고 도전적인 분위기로 변화해야 한다. 이를 위해 우리 모두 창업에 더 많은 관심을 기울이고 준비해야 한다.

창업은 단순히 개인의 성공을 넘어 여러 사람의 생계를 책임지는 길이 될 수 있다. 적게는 수십 명, 크게는 수천 명의 삶에 긍정적인 영향을 미칠 수 있는 것이다. 이는 개인의 성장뿐만 아니라 사회 전체의 발전에도 기여하는 일이다.

물론 창업의 길이 쉽지만은 않다. 밤을 새워가며 일하고, 수많은 난관을 극복해야 한다. 하지만 그 과정에서 얻는 성취감과 만족감은 그 어떤 것과도 비교할 수 없다. 이러한 경험이야말로 우리가 진정으로 추구해야 할 미래가 아닐까.

창업은 또한 우리 사회의 다양성을 높이는 데 기여한다. 획일화된 직장 문화에서 벗어나, 각자의 개성과 창의성을 마음껏 발휘할 수 있는 환경을 만들어낸다. 이는 결과적으로 우리 사회를 더욱 풍요롭고 역동적으로 만드는 원동력이 된다.

따라서 나는 후배들에게 당부하고 싶다. 취업만을 목표로 하지 말고, 창업에도 관심을 가져보라. 여러분의 꿈과 열정을 펼칠 수 있는 무대를 직접 만들어보라. 그 과정에서 겪게 될 어려움과 도전이 자신을 더욱 강하고 현명하게 만들어줄 것이다.

창업은 단순한 사업의 시작이 아니라, 새로운 가치를 만들어내는 과정이다. 자신의 아이디어로 세상을 조금씩 변화시키고, 그 변화의 중심에 서는 경험은 그 무엇과도 바꿀 수 없는 소중한 자산이 될 것이다.

창업의 씨앗은 종종 우리의 일상에서 싹튼다. 나의 경우 대학에서 배운 사회학이 그 시작이었다. 여러분의 전공이나 취미 혹은 특별한 재능이 새로운 비즈니스의 토대가 될 수 있다. 중요한 것은 자신이 진정으로 사랑하는 일을 찾는 것이다. 그 열정이 있다면, 앞으로 마주하게 될 수많은 난관을 헤쳐나갈 힘이 될 것이다.

하지만 열정만으로는 부족하다. 시장을 읽는 눈도 필요하다. 우리가 '온-여론조사연구소'를 설립했을 때, 민주화의 바람과 함께 다가올 지방자치 시대를 내다보았다. 이러한 시대적 흐름을 정확히 읽은 것이 우리의 성공에 큰 역할을 했다. 여러분도 자신의 아이디어가 현재와 미래의 시장 수요를 어떻게 충족시킬 수 있을지 깊이 고민해 보아야 한다.

창업의 길은 결코 혼자 걸어갈 수 있는 길이 아니다. 나 역시 뜻을 같이하는 친구들과 함께 시작했다. 우리는 각자의 강점을 살려 시너지를 만들어냈고, 어려운 순간마다 서로를 지지했다. 혼자서는 버거운 일도 함께라면 해낼 수 있다.

창업의 세계는 끊임없이 변화한다. 우리가 처음 시작했을 때는 리서치 분야의 선례가 거의 없었다. 모든 것을 직접 경험하고 배워나가야 했다. 이는 힘들었지만 동시에 우리만의 독특한 노하우를 쌓을 수 있는 기회였다.

실패를 두려워하지 마라. 창업의 과정에서 실패는 피할 수 없는 동반자다. 우리도 수없이 많은 시행착오를 겪었다. 하지만 각각의 실패는 더 나은 방향을 찾는 나침반이 되었다. 실패를 두려워하기보다는 그것을 배움의 기회로 삼고 빠르게 개선해 나가는 자세가 중요하다.

고객의 목소리에 귀 기울이는 것도 무척 중요하다. 우리는 항상 고객의 니즈를 최우선으로 고려했다. 매일신문, 대구MBC 등과의 협업은 그들의 요구사항을 정확히 이해하고 충족시켰기에 가능했다.

창업의 초기에는 재정 관리가 특히 중요하다. 우리도 처음에는 개인 자금을 모아 시작했지만, 점차 수익을 재투자하며 회사를 키워나갔다. 현금 흐름을 잘 관리하고, 필요할 때 외부 투자도 고려해 볼 수 있다. 하지만 항상 장기적인 관점에서 판단해야 한다.

시장은 끊임없이 변한다. 우리도 초기의 여론조사에서 점차 다양한 형태의 리서치로 사업 영역을 확장했다. 고객의 니즈와 시장 트렌드에 맞춰 비즈니스 모델을 지속적으로 조정할 준비가 되어 있도록 유연성을 갖추는 것도 필요하다.

회사가 성장함에 따라 좋은 인재를 영입하고 유지하는 것이 무엇보다 중요해진다. 우리는 항상 직원들의 성장과 만족을 중요하게 여겼다. 이는 결과적으로 회사의 장기적인 성공으로 이어졌다. 함께 일하는 사람들을 소중히 여기고, 그들의 성장을 돕는 문화를 만들어가는 것도 필요하다.

창업은 단순히 돈을 버는 것 이상의 의미가 있다는 것을 기억했으면 한다. 우리의 경우 여론조사를 통해 사회의 목소리를 대변하는 역할을 했다. 내가 하는 사업이 어떻게 사회에 기여할 수 있는지 항상 고민한다면 비즈니스에 더 큰 의미와 가치를 부여할 것이다.

창업의 길은 결코 쉽지 않다. 수많은 도전과 어려움이 기다리고 있을 것이다. 하지만 그 과정에서 얻는 배움과 성장 그리고 자신의 비전을 실현해가는 성취감은 그 어떤 것과도 비교할 수 없다. 나의 경우 리서치 회사를 창업하고 성장시키는 과정에서 많은 어려움을 겪었다. 하지만 그 모든 경험이 나를 성장시켰고, 결과적으로 지금과 같은 중견 기업으로 성장할 수 있었다.

창업을 꿈꾼다면 두려워하지 말고 도전하라. 철저히 준비하되 완벽해질 때까지 기다리지는 말라. 시작이 반이다. 첫걸음을 내딛는 순간, 여러분은 이미 대부분의 사람들보다 앞서 있는 것이다.

창업은 단순한 사업의 시작이 아니라 자신의 꿈을 실현해가는 과정이다. 어려움을 극복할 때마다 느끼는 성취감, 고객의 문제를 해결했을 때의 보람, 함께 일하는 동료들과의 유대감 등 창업만이 줄 수 있는 특별한 경험들을 충분히 누릴 수 있다.

창업에 대한 관심을 행동으로 옮기고, 지금 이 순간부터 준비해 나가길 응원한다. 그러한 도전이 자신뿐만 아니라 우리 사회 전체를 더욱 풍요롭고 역동적으로 만들어갈 것이라 믿는다. 창업의 길은 험난하지만, 그 여정의 끝에는 분명 아름다운 풍경이 기다리고 있을 것이다. 후배들의 용기 있는 첫걸음을 응원한다.

1989년 리서치코리아 창업, 현) 그린 이노션 대표이사, ㈔한국혁신연구원 이사장, 백마산영농조합법인 대표

장벽을 넘어서 전진하자

정진동(회계학과 87학번)

학문의 상아탑을 졸업하고 이제 사회에 첫발을 내딛는 사회 초년생들은 나름대로 회사 선택 기준을 가지고 있다. 그 기준은 대부분 비슷하여 연봉이 많고, 회사가 안정적이며, 복지 수준이 양호한 회사를 찾게 된다.

28년 전, 나 역시 회계학과를 졸업하면서 이 세 가지 기준으로 회사를 선택했다. 그 결과 삼성화재, 평화은행, 대한투자신탁, 한국보증보험, 대한보증보험 등 금융기관에만 신입사원으로 합격하게 되었고, 최종적으로 가장 안정적이고 연봉이 높으며 복지가 좋은 대한보증보험(현 서울보증보험)에 입사하게 되었다. 지금 돌이켜보면 내가 회사를 선택한 기준이 그렇게 중요한 것이 아니었음을 깨닫게 되었지만, 당시 사회 경험이 없는 나로서는 그 기준이 최선인 줄로만 알았다.

대학을 졸업할 즈음 장래 목표는 회사에 입사하여 반드시 이사가 되는 것이었다. 그래서 대한보증보험에 입사했을 때 신입사원 반장을 자원해서 맡았고, 신입사원 교육 때 인사부 담당자에게 성실하고 열정적인 태도를 보였다. 예상대로 신입사원 교육을 마치고 가장 실세(?)인 홍보실(비서실)에 발령받게 되었고, 동기와 선배들은 그곳이 신입사원이 가기 힘든 곳이라며 부러워했다.

사원아파트가 도봉역에 있어 선릉역까지 출근이 1시간 이상 걸리는 거리였지만, 당연히 가장 먼저 출근하고 가장 늦게 퇴근하면서 실장님으로부터 성실함을 칭찬받았다. 업무도 점점 익숙해져 즐겁게 회사생활을 시작했다.

10개월 정도 지난 후, 분주한 서울 생활이 점점 힘들게 느껴지고 여유와 정감 없는 삭막한 도시 문화에 지쳐갈 즈음 조직 개편이 있었다. 나는 결혼을 핑계로 실장님에게 대구에 내려가겠다고 지원했다. 비서실 업무가 다양한 영역을 다루긴 하지만, 전문화된 지식을 활용하는 업무가 아니다 보니 전문성을 쌓는 데 한계를 느꼈기 때문이다. 선배는 대구로 내려가면 잊혀지고 진급에 불리하다며 만류했지만, 각박한 도시 문화에 지친 심신 때문에 한 번 내린 결정을 번복하지는 않았다.

다행히 대구로 내려온 후 신용평가와 채권업무를 담당하게 되었고, 대구 본부에서 최고의 성과를 여러 번 달성했다. 또한 대구에는 경북대 선배님들이 많아 회사 분위기도 좋았고 업무 성과도 우수해서, 아침에 눈을 뜨면 빨리 출근하고 싶을 정도로 회사 업무가 즐거웠다.

그렇게 6년을 지내고 대리로 회사생활을 해나가던 중 문득 이런 질문을 자신에게 던지게 되었다. "내가 이 회사에 계속 근무한다면 10년 뒤엔 어떤 모습일까?" 그러면서 10년 일찍 입사한 선배의 모습을 보게 되었다. 훌륭하고 존경스러운 모습이었지만 졸업하면서 내가 꿈꾸던 삶의 모습은 아니었다.

그때 내 나이 35살, 첫째 딸아이가 6살, 둘째 아들이 태어난 지 5개월 되던 해였다. 대학 때 꿈꿔왔던 인생과는 너무나 다른 인생을 살고 있는 내 모습을 보게 되었다. 변화가 없다면 향후 10년 후에도 내가 원하던 모습은 아닐 것이 분명했다. 게다가 하나님을 믿고 교회를 다니면서 전 세계 50개 교회를 건축하겠다는 꿈을 가지게 되었는데, 직장생활을 통해서는 그 목표를 절대로 달성할 수 없다는 것도 분명했다.

변화가 필요하다는 것을 깨닫던 차에 프리랜서로 종합재무설계에 대한 제의가 들어와 이직을 진지하게 고민하게 되었다. 1년이 넘는 시간동안 기도하고 아내와 의논한 후 안정적인 직장을 그만두고 이직을 결정하게 되었다. 새로운 직업에 대한 결정을 할 때 가장 중점적으로 검토한 사항은 다음과 같았다.

첫째, 금융과 경제환경의 변화에서 성장 가능한 직업인가?

둘째, 전 세계 50개 교회를 건축할 경제적 능력을 가질 기회가 있는가?

셋째, 하나님의 사역을 감당할 시간을 사용할 수 있는가?

기도하는 마음으로 검토를 거친 후 세 가지 질문에 '예'라는 대답을 얻게 되었고, 과감히 사표를 쓰고 옮길 수 있었다.

지금은 J&J 경영투자전략연구소를 설립하여 M&A, 노무, ISO 인증, 세금 경정청구 및 정부지원금 수령, 퇴직연금 등의 중소기업 컨설팅과 연금, 보험, 펀드 상담 등 개인 종합 재무설계를 병행하여 안정적인 성과를 얻고 있다. 그리고 꿈과 비전을 달성할 수 있다는 기대를 가지고 일하고 있다.

  후배들에게 조언하고 싶은 것은 새로운 직업에 대한 도전을 두려워하지 말고 적극적으로 행동하라는 것이다. 장벽은 넘어가라고 있는 것이고, 새로운 도전을 통해 장벽을 넘어갈 때 비로소 신세계를 경험할 수 있다. 여러분의 꿈을 향해 끊임없이 도전하길 바란다. 모든 도전이 성공한다는 법칙은 없지만 도전하지 않는 삶은 인생 후반에 "시도라도 해볼걸" 하는 후회를 낳게 된다.

  도전하는 과정에서 어려움이 있더라도, 그것이 여러분을 더 강하고 인생을 활기차게 해줄 것이라 믿는다.

  Let's go for the wall!

현) J&J 경영투자전략연구소. 대표, MetLife 대표 fsr, 한국투자증권 증권펀드 투자권유인, KB손해보험RC, International Financial Introducer, 미국해외공화당 한국위원회 위원, 전 세계 상위 1% 내의 TOP AGENT

취업부터 창업까지의
도전과 극복

진유항(농업경제학과 04학번)

나는 10년간 기획 마케팅업을 하고 있다. 1,000개 이상의 브랜드 블로그를 운영하며 10여 곳 지역에 맛집 인스타 채널과 대구, 경북 맘카페 운영을 하고 있다. 어려운 시기에 미분양 아파트를 열심히 팔아내고 있고, 상품을 해외로 수출도 하고, 큼지막한 기관과 누구나 알고 있는 브랜드와 협업하면서 해외시장에 진출도 하고 있다.

현재 나는 만족하는 삶을 살고 있다. 아침이 항상 기대되고 내일이 기대되며 내가 지내는 공간의 사람들이 좋다. 집에서는 아내와 예쁜 딸, 그리고 내가 운영하는 사업장에서는 열심히 회사를 위해 일하는 직원들이 있다. 경제가 힘들지만 남들보다 앞서 AI를 받아들이고 개발하며 사용하고 있는 이 일에 자부심을 느낀다.

나는 온라인 마케팅 기획사를 운영하고 있다. 네이버 블로그와 인스타그램을 비롯한 다양한 플랫폼을 활용하여 전략적인 기획을 통해 트래픽을 설계하고, 맞춤형 플랫폼을 제작 및 운영하는 업무를 수행한다. 이 분야에서 10년간 사업을 지속해 왔다.

나의 자부심은 마이너스 대출(학자금 및 기타)로 시작했지만, 10년간의 노력으로 사업을 일궈내고 인맥을 쌓으며 매출을 창출하는 동시에 가정을 지켜온 스스로에 대한 자긍심이다.

경북대 입학 당시 느꼈던 자부심은 사회 진출 후 우리보다 더 똑똑하고 돈 많고 잘난 사람이 많다는 것을 알게 되고, 그들과 치열한 경쟁을 해야 한다는 사실을 인식하면서 희석되었다. 이제 10년간의 사회 경험을 바탕으로 유사한 상황에 직면할 후배들에게 위로와 용기를 전하고 싶다.

먼저 "모든 실패와 성공의 과정은 결국 내 삶의 토대가 될 것이니 자신을 믿고 밀어붙여라. 그리고 그냥 해라"라는 말을 전하고 싶다.

졸업을 앞둔 나는 열심히 취업을 준비했다. 거기서 동문의 아내를 만났다. 지금도 그런지 모르겠지만, 자유게시판에서 취업 스터디원을 모으고 취업을 위한 노력을 했다.

취업만 하면 인생이 행복해질 것이라고 여기며 이력서를 쓰고 면접을 보러 갔다. 온갖 자격증을 따기 위해 노력했다. 결국 나도 아내도 취업에 성공했다. 나는 400:1이 넘는 경쟁을 뚫었고, 아내의 경쟁은 더했다. 아내는 인천에 있는 공기관에 합격했는데 서울대 연세대, 고려대 경쟁자들이 얼마나 많았겠는가. 평소 하지 않는 머리 스타일을 숏커트까지 하면서 자신감있게 면접을 봤던 전략이 경쟁에서 합격이라는 관문을 통과한 것 같다고 말하곤 한다. 내 취업 스토리는 더 우여곡절이 있다. 1차 면접 후 후보 자격이 되었고, 2차 면접 때 사람한 명이 안 와서 면접 전날 저녁에 2차 면접을 오라 해서 면접을 봤다. 그 후 2차 면접도 떨어졌는데 합격생 한 명이 또 안 와서 간신히 합격했다. 그렇게 취업에 성공했다. 정말이지 너무나 기분이 좋았다. 첫 취업에 성공한 그 순간을 잊을 수 없다.

입사 후 법률 전공자는 아니었지만 경영법무팀이라는 좋은 부서에 들어갔다. 학교 재학 중 감정평가사 시험 준비를 하며 습득한 부동산, 법률, 경제학 지식 덕분에 담당 부서의 시험에서 우수한 성적을 거둘 수 있었다. 실패했던 고시 공부가 내겐 토대가 되어주었다. 현재는 회사를 그만두고 사업을 하고 있지만, 취업을 위해 매 순간을 최선을 다했고 스스로를 믿고 계속 밀어붙였다.

살면서 내가 가장 잘한 것은 결혼이라고 생각한다. 거기에 덤으로 세상 예쁜 딸을 낳아준 아내에게 감사하면서 하루하루 살아간다. 아내는 같은 동문에 인재 중의 인재다. 나보다 훨씬 우월한 스펙의 소유자다. 취업을 위해서 스터디를 개설하고 열심히 하지 않았다면 아내를 만났을까? 비록 실패했지만, 감정평가사 공부를 하지 않았다면 좋은 부서에 들어갈 수 있었을까? 하는 생각을 가끔 해 본다.

연애 또한 열정적으로 했다. 취업 후 아내가 있는 인천에 매 주말 6년을 한 번도 쉬지 않고 만나러 갔다. 오지 말라면 안 갔지만 한 번도 거른 적이 없다. 눈이 오나 비가 오나 그녀만을 만나기 위해 먼 거리를 끈기로 왔다 갔다 했다. 어머니가 미친놈이라 할 정도였다. 그러한 끈기를 인정한 그녀는 결혼을 허락했고, 현재 행복하게 살아가고 있다. 그걸 어떻게 해냈나 싶다. 취업보다 힘들었던 것 같다.

취업의 행복도 잠깐이다. 회사에서는 온갖 어려움이 있다. 일을 배워야 했다. 지나고 난 후 깨달은 점이 있다면 일은 시간이 해결해 준다는 것이다. 몰랐던 것들은 시간이 지날수록 차츰 익혀진다. 하지만 일하면서 우발적인 사건들이 일어나는 것은 적응하기 쉽지 않다.

또한 낯선 환경에서 외로움에 적응하며 살아가야 한다. 나는 대전, 진주, 천안, 안동으로 옮겨다니며 일을 했다. 그 와중에 소중한 지금의 아내를 잃지 않기 위해 부단히 노력했다. 그러다가 청천벽력 같은 시련이 찾아왔다. 직장을 다닌 4년 차 설날, 현재 아내에게 결혼하자는 고백을 하려고 준비했는데 어머니가 아침에 내 손을 잡으면서 "아빠가 위암이래"라고 하셨다. 하늘이 무너지고 온 세상이 멍했다. 내가 감당할 수 없는 일이 펼쳐졌다.

고백은 고사하고 세상의 마지막 버팀목이었던 아빠가 아프다는 것이 무섭고 두려웠다. 온갖 정보를 통해 병원을 찾고 또 움직였다. 불안한 마음을 감춘 어머니를 격려하면서 그렇게 찾은 세브란스 병원 위암 분야의 가장 유명한 교수에게 진단을 받았고, 감사하게도 지금은 완치하셔서 같이 잘 계신다. 그 당시 위기의 순간에 포기하지 않고 병원을 찾았던 나를 칭찬해 주고 싶다. 그때 다시 한번 부모님에 대한 소중함을 알게 되었다. 어쨌든 같이 있다는 것에 항상 감사하다. 만약에 내가 포기했더라면 결과가 어땠을까 하는 생각이 든다.

일하다 보면 이따금 자기 삶에 중요한 걸 잊어버릴 때가 있다. 그러지 말아라, 그리고 포기하지 말아라, 그러기엔 너의 인생은 여전히 찬란하리니. 설령 다른 것이 조금 무너지더라도 다시 하면 되니 소중한 것은 반드시 지키면 좋겠다. 멀리 있는 아내와의 결혼, 아버지의 역할 부재를 내가 해야 한다는 마음으로 회사를 그만두었다. 그렇게 힘들게 취업했는데도 말이다. 그때 정말 잘한 것 같다. 시련이 나를 단단하게 만들었고, 그걸 극복함으로써 더 좋아졌다고 생각한다. 아내도 회사를 퇴사하고 대구로 이주하여, 현재는 부모님 근처에서 살고 있다. 장인, 장모님도 항상 뵙는다. 가족이 함께 있다는 것이 얼마나 소중한지를 알면서 말이다. 고맙고 가치 있는 일이라 생각한다.

이제는 창업 이야기다. 처음에 아는 동생과 같이 사업을 시작했다. 동업은 하지 말라고 다들 그러는데 세상을 혼자 살아가기 힘든 상황일 때 무언가 의지하고 싶은 마음이었을까? 결국 동업했다. 지금은 각자의 일을 하고 있지만, 그 또한 좋은 과정이었고 즐거운 시간이었다. 동업자의 도덕적 해이로 금전적 책임을 내가 져야 했고 법적 분쟁까지 갔다. 화가 나는 부분은 있어도 지금 생각해 보면 같이하는 동안 재미있었고 밉지는 않다. 사업을 경영하면서 직장의 경험으로 일을 체계화할 수 있었고, 아직까지도 잘 버티면서 회사를 이끌어가고 있다.

무지한 상태에서 마케팅 사업을 시작했지만, 독학과 경험을 통해 다양한 성과를 이루어냈다. 경상도지사, 대구시장, 여러 구청장들의 홍보를 담당했고, 평창올림픽 홍보에도 참여했다. IT 프로그램 개발, 방송 영상 제작, 유명 프랜차이즈 홍보, 대형 쇼핑몰 홍보 및 영업, 동성로 축제와 포크 콘서트 같은 공연 기획, 부동산 기획과 홍보 등 다양한 분야에서 활동했다.

10년간 400명이 넘는 직원들이 거쳐갔고, 그들 중 많은 이들이 독립하여 자신의 사업을 운영하고 있다. 책상 하나로 시작한 이 여정은 몇 페이지로는 담기 힘들 정도로 풍부한 경험으로 가득 차 있다.

모든 성과는 끊임없는 도전과 실패를 극복하며 이루어졌다. 코로나 팬데믹과 같은 위기도 극복했고, 인간관계에서 오는 정신적, 금전적 손실도 겪었지만, 그 과정에서 얻은 깨달음으로 만족과 행복의 가치를 알게 되었다.

졸업 후 10년 이상 가정과 회사를 운영하며 더욱 단단해진 삶을 살고 있다. 여전히 시행착오를 겪지만, 자신을 믿고 계속 전진하고 노력하는 것만큼은 확신한다.

후배들에게 전하고 싶은 메시지는 다음과 같다. 인생의 방향을 찾는 과정은 마치 나침반의 바늘이 흔들리다 올바른 방향을 가리키는 것과 같다. 흔들림은 자연스러운 과정이며, 곧 올바른 방향을 찾게 될 것이다. 따라서 용기를 가지고 자신의 삶을 향해 끊임없이 노력하며 나아가길 바란다.

현) ㈜HB기획 CEO, ㈜HB도시개발 CEO

운명적인 만남이
나의 삶을 바꾸다

최희식(농화학과 83학번)

나는 경남 거창의 해발 600m 고지에 있는 작은 마을에서 태어났다. 농부인 부모님 슬하에서 4형제 중 차남으로 자랐다. 그 시절엔 대부분 장남은 귀한 대접을 받았고, 차남은 온갖 허드렛일을 도맡아 했다. 그 덕분에 어린 시절부터 부지런함이 몸에 배었고, 지금도 하루 종일 무언가 일을 해야 마음이 편하다.

초등학교 5학년 때 "사람은 큰물에서 놀아야 한다"며 부모님을 설득해 부산으로 유학을 떠났다. 너무 어렸을 때 집을 떠나서인지 객지 생활은 쉽지 않았다. 이모집, 고모집, 큰집을 전전하며 김천, 대구, 거창을 거쳐 결국 고향으로 돌아와 고등학교를 졸업했다. 그로 인해 대학에 입학할 때는 다른 친구들보다 3년이나 늦었다.

경북대학교 농화학과에 들어갔지만, 화학 분야에 적응하기 어려웠다. 그래서 부전공으로 행정학을 공부했다. 후배님들도 전공이 적성에 맞지 않는다고 좌절하지 않기를 바란다. 다양한 분야를 경험해 보고 자신의 길을 찾는 것이 중요하다. 나 역시 의도치 않게 선택한 전공이 나중에 사업의 기반이 되었다.

졸업 후 4년간 행정고시에 도전했지만 실패했다. 부모님의 마음에 무거운 짐을 지우고, 다른 친구들이 행복한 삶을 살아가는 모습을 멍하니 구경만 하는 못나고 보잘것없는 초라한 모습이었다. 20여 년의 유학 생활을 마감하고 30대 초반에 모든 것을 버리고 고향으로 돌아갔다. 그때의 좌절감은 이루 말할 수 없었다.

인생은 문이 닫힌다고 느꼈을 때 새로운 문이 열린다. 그때 우연히 길에서 만난 한 사업가가 내 인생을 바꿨다. 읍내에 가려고 버스를 기다리고 있었는데 검은색 승용차가 내 앞에 서더니 "혹시 근처에 아이들과 함께 물놀이 할만한 좋은 장소가 있냐"고 물었다. 멀지 않은 곳에 있는 '위천 수성대'로 가보라고 길을 안내하는데 같은 방향이면 차에 동승하여 안내해달라고 부탁하는 것이었다. 차를 타고 가는 와중에 많은 얘기를 나누었고, 나의 전공 얘기를 듣고서는 자기들과 함께 일해보자고 제안했다. 그것이 길거리에서 이루어진 내 사회생활 첫 운명적인 만남이었다. 그 만남을 통해 '산업용 특수 세정제'라는 새로운 시장을 알게 되었다.

처음에는 생소한 분야라 어려움이 많았다. 산업용 세정제라는 것은 가정용 세정제와 달리 다양한 분야의 특수성과 전문성이 요하는 분야라서 의사가 진단하고 약사가 처방약을 조제하는 것처럼 업종별, 공정별, 소재별 특성을 이해하고 각각의 문제점을 분석하여 각 공정에 적합한 세정제를 제조하여 만들어야 하기에 화학분야뿐만 아니라 산업의 다양한 분야에 전문성을 요하는 직업이었다. 그렇지만 나에게 더 이상 물러설 곳은 없었다.

나는 세 가지 원칙을 세웠다.
첫째, 세상은 사람이 만들어간다. 따라서 사람이 곧 재산이다.
둘째, 상대를 진심으로 대하면 상대도 나를 진심으로 대한다.
셋째, 나를 싫어하는 사람도 내 사람으로 만드는 지혜가 필요하다.
나는 이 원칙들을 바탕으로 기업 방문의 첫 번째 관문인 회사 경비원부터 사귀고, 회사 담당자로부터 모르는 것을 묻고 배우면서 열심히 뛰어다녔다. 어설프게 공부한 화학 지식을 바탕으로 세정제 관련 책들을 사서 주경야독했다. 하루에 2번씩 와이셔츠를 갈아입으면서 현장에서 영업하고, 세계 최초로 '소맥 세정제'를 개발하여 특허 등록을 했다. 다행히 '소맥을 이용한 탄화물 세정제'는 화섬업계 DTX, DTY 가연기 업체의 탄화된 오염물 세정제로 히트했고 효성, 삼양사, 태광산업, 대한화섬, 동국합섬, 한국합섬 등 많은 화섬업계로부터 러브콜을 받았다.

입사 초기부터 사장님과 약속을 했다. 이 회사에서 3년간 근무 후 독립하여 사업을 하겠노라고 그러나 개발 제품이 히트하고, 영업 실적이 올라가자 사장님의 생각이 바뀌었다. 1994년 4월 5일 월급날이 되자 부당한 권고사직을 강요했고 나는 쓰라린 사회생활의 첫 고배를 마셔야만 했다. 원하는 사회경험을 충분히 하지도 못하고 입사 6개월 결혼한 지 한 달 만에 화려한 백수가 되었다.

앞날이 암담한 현실이었지만, 한 가정의 가장이 되었으니 가만있을 수 없어서 없는 형편에 빚을 내어 직접 사업을 시작하기로 했다.

하지만 시작부터 난관에 부딪혔다. 내가 개발한 제품의 원료 제품을 기존 사장이 독점하고 원료공급처에다 내게 물건을 주지 못하게 막아 놓았다. 할 수 없이 부산에 있는 다른 유사업체와 공급계약을 맺었지만 사기를 당해 600만 원을 날렸다. 자본금 없이 빈손으로 사업을 시작한 내게는 청천벽력 같은 상황이었다. 몇 날 며칠 고민하다 공급처 대표 동생(당시 원료 제품 납품 담당자)에게 전화해 사정을 얘기하고 도움을 요청했더니 조심스럽게 도와주겠다고 했다. 그로부터 원료를 공급받아 전세방 세면장에 빨간 고무통을 놓고 원료를 넣어 쇠파이프로 배합 교반하며 정말 열심히 제품을 만들기 시작했다. 이 두 번째 만남이 나의 운명을 바꾸는 새로운 인연이 되었고 지금까지도 변함없는 우정을 쌓아 가고 있다. 어찌 보면 내 인생의 구세주를 만난 것이었다.

지금까지 31년간 산업용 특수 세정제 분야에서 사업을 해오고 있다. 섬유산업, 전자산업, 자동차산업 등 다양한 분야의 고객 요구에 맞춰 끊임없이 제품을 연구·개발해 왔다. 세상은 빠르게 변하고 있으며 기업은 많은 부침을 거듭하고 있다. 성공하기 위해선 끊임없이 공부하고 도전해야 한다.

대한민국 고용의 90% 이상을 차지하는 것이 중소기업이다. 중소기업의 토대가 튼튼해야 국가가 강해질 수 있다. 많은 대학생이 대기업을 꿈꾸겠지만, 중소기업에서도 큰 가치를 만들어낼 수 있다. 내 꿈은 우리 회사 직원들의 복지 환경이 대기업을 능가하는 것이다. 사회 생활을 할 때 단순히 돈을 버는 것에 목적을 두지 말고, 사회에 어떤 가치를 줄 수 있을지 고민해 보라고 말하고 싶다.

성공의 비결을 묻는다면 단연코 '사람'이라고 말하고 싶다. 우리가 만나는 한 사람, 한 사람이 인생의 소중한 동반자이다. 대학 시절부터 다양한 사람들과 관계를 맺고 발전시켜 나가는 것이 무엇보다 중요하다. 동아리 활동, 학과 모임, 봉사활동 등에 적극적으로 참여한 경험들이 나중에 사회생활을 할 때 큰 자산이 될 것이다.

살다 보면 누구나 감당하기 힘든 고비를 맞이한다. 그럴 때마다 나는 푸시킨의 '삶'이란 시의 한 구절을 떠올린다.

삶이 그대를 속일지라도 결코 슬퍼하거나 노하지 말라.
슬픔의 날을 참고 견디면 반드시 기쁨의 날이 올 것이니

후배님들에게 몇 가지 조언을 드리고 싶다.
첫째, 목표를 정하라. 뚜렷한 목표가 있어야 그것을 향해 나아갈 수 있다.
둘째, 끊임없이 도전하라. 자신의 한계를 느낄 때까지 열정과 용기를 갖고 도전을 멈추지 말자.
셋째, 함께 가라. 혼자 가려 하지 말고 이웃과 더불어 가라.
넷째, 배움을 멈추지 말라. AI 시대에도 확고한 신념과 끈기만 있으면 희망이 있다.
다섯째, 가치 있는 일을 찾아라. 단순히 돈을 버는 것이 아니라, 사회에 어떤 도움을 줄 수 있을지 고민하라.
인생은 큰 뜻을 펼치기엔 그렇게 길지 않다. 청춘의 가장 큰 장점은 수많은 도전의 기회가 있다는 것이다. 후배님들은 충분히 강하고

능력 있는 사람들이다. 자신을 믿고 용기 내어 앞으로 나아가길 바란다. 그리고 자신만의 소중한 꿈을 성취하길 기원한다.

현) 메가켐코리아 대표, ㈜코아센텍 대표, 경북대 구미연합동문회 사무총장
전) 대구경북중소기업청 무역인회 7대 회장, 경북성공CEO포럼 3대 회장

계획과 행동의 균형
창업 경험에서 배우는 삶의 지혜

황길정(섬유시스템공학과 06학번)

나는 25세에 창업을 시작했던 경험이 있다. 이 글은 후배들에게 전하는 메시지이기도 하지만, 사실 과거의 나 자신에게 하고 싶은 말들을 담고 있다

열정 하나로 세상을 바꿀 수 있다고 믿었던 그때, 나는 '무작정' 창업의 바다에 뛰어들었다. 당시에는 내가 좋아하는 일만 하면 모든 것이 잘될 것으로 생각했지만, 현실은 달랐다. 시작은 좋았으나, 계획의 부재가 곧 드러났다. 이 경험을 통해 나는 '계획'의 중요성을 뼈저리게 깨달았다. 아이디어와 열정도 중요하지만 시장 분석, 재무 계획, 마케팅 전략 등을 꼼꼼히 준비하는 것이 성공의 열쇠라고 말하고 싶다

기업문화와 시스템을 제대로 이해하지 못한 채 창업한 것에 대해 오랫동안 고민했다. 부족한 점에 대해 핑계를 찾기보다는 해결책을 찾는 데 집중했어야 했다. 이제는 감정적인 하소연보다는 문제 해결을 위한 행동이 중요하다는 것을 알게 되었다. 어려움에 직면했을 때

주변을 탓하거나 상황을 원망하기보다는 '내가 어떻게 이 상황을 개선할 수 있을까?'라는 질문을 자신에게 던져보고, 그 답을 찾기 위해 노력하는 자세가 필요하다고 생각한다.

클라이언트나 상사에게 '맞추기 위한 노력'을 끊임없이 했다. 하지만 이제는 눈치 보기보다는 소신을 가지고, 성급한 판단보다는 조금 더 인내하며 기다려보는 것이 중요하다고 생각한다. 타인의 의견을 존중하고 협력하는 것도 중요하지만, 자신의 가치관과 전문성을 완전히 버리고 맹목적으로 따르는 것은 바람직하지 않다. 나의 소신과 상대방 요구의 균형을 잡는 것이 필요하다.

요즘 후배들을 만나보면 많은 이들이 '여러 선택지 중 어떤 것이 제일 좋을까?'라는 고민을 오랫동안 하고 있다. 이는 1학년이든 4학년이든, 취업을 준비하든 창업을 준비하든 마찬가지다. 학업뿐만 아니라 자격증, 연애, 여가 활동, 대외 활동 등 다양한 영역에서 이러한 고민이 이어진다. 이러한 고민은 자연스럽고 건강한 것이다. 하지만 고민에 너무 많은 시간을 쏟다 보면 실제 행동으로 옮기는 시간이 줄어들 수 있다.

물론 '발전을 위한 고민'을 한다는 것은 훌륭하다. 하지만 나는 이제 '동적 고민'을 하라고 조언하고 싶다. 즉 움직이면서 고민하라는 것이다. 고민과 행동을 병행하면서 실제 경험을 통해 더 나은 선택을 할 수 있다

'무작정' 시작하기보다는 '계획을 먼저 세우는 것'이 정말 중요하다. 남들이 하니까 따라 하거나 주변 시선을 의식하기보다는 내가 진정으로 하고 싶은 일인지 자신에게 물어보는 것이 중요하다. 막연히

성적에 맞춰 대학과 학과를 선택한 경험이 있다면 이 말의 의미를 잘 이해할 것이다. 자신의 열정과 적성을 고려하여 선택하는 것이 장기적으로 더 큰 성공과 만족을 가져다줄 것이다

또한 막연한 '고민'보다는 해결책을 함께 생각해 보는, '사색'을 하는 것을 추천한다. 과거의 나였다면 조직문화와 기업 시스템에 대한 부족한 부분을 어떻게 보완할 수 있을지 고민했을 것이다. 비슷한 경험이 있는 선배에게 조언을 구하거나 관련 서적을 읽거나 멘토를 찾아보는 등 해결을 위한 구체적인 행동을 취했을 것이다. 문제를 인식하는 것에서 그치지 말고, 그 문제를 해결하기 위한 실질적인 단계를 밟아나가는 것이 중요하다.

과거의 나는 문제가 생겼을 때 또래 친구들과 만나 술을 마시며 하소연하거나 힘들다는 이야기를 하곤 했다. 다음 날이 되면 해결된 것 하니 없이 다시 같은 일상이 반복되었다. 이는 마치 후배들이 학업, 연애, 진학, 취업, 창업 등에 대해 친구들과 이야기를 나누지만, 결국 해결된 것 없이 시간만 보내는 것과 비슷하다. 물론 감정을 공유하고 위로받는 것도 중요하지만 그것이 전부가 되어서는 안 된다.

우리는 필요한 것이 있으면 쇼핑을 하고, 배고프면 식당에 가고, 아프면 병원에 간다. 마찬가지로 고민이 있다면 그걸 해소할 수 있는 누군가를 만나거나 어딘가를 가거나 혼자서라도 선택지별 장단점을 나열해 보는 등의 구체적인 행동을 취해야 한다. 단순히 누군가가 내 고민을 들어주기를 바라는 것만으로는 충분하지 않다. 적극적으로 해결책을 찾고 실행에 옮기는 자세가 필요하다.

이러한 접근 방식을 통해 좀 더 빠르게 해결책을 찾을 수 있고, 고

민으로 멈춰있는 시간을 줄이며, 더 많은 발전과 성장의 기회를 얻을 수 있다. 시행착오를 두려워하지 말라. 때로는 실패를 통해 더 큰 교훈을 얻을 수 있다

한편, 남들이 성장하는 것을 보고 조바심이 들어 섣불리 행동하려는 것은 아닌지 생각해 볼 필요가 있다. 뚜렷한 목표 없이 남의 방식을 따라 하다 보면, 자신에게 맞지 않는 옷을 입은 것처럼 불편하고 어울리지 않는 삶을 살게 될 수도 있다. 자신만의 고유한 가치와 목표를 설정하고, 그에 맞는 방식으로 성장해 나가는 것이 중요하다.

팀 프로젝트, 대외 활동, 사회생활, 가족과의 소통 등에서 사회성을 바탕으로 남을 배려하는 것은 중요하다. 하지만 자신의 '중심'과 메시지 없이 상대방에게 맞추기만 하면, 역설적으로 그들이 진정으로 원하는 것을 제공하기 어려워진다. 즉 내가 그들에게 무엇을 전하고 싶은지에 대한 본질을 찾기 어려워질 수 있다. 타인과의 관계에서 자신의 정체성을 잃지 않으면서도 협력할 수 있는 균형점을 찾는 것이 중요하다.

결론적으로, 과거의 나에게 그리고 여러분에게 다음과 같은 조언을 하고 싶다.

첫째, 고민하기보다는 사색을 하라. 단순히 걱정하는 것이 아니라 깊이 있게 생각하고 해결책을 모색하는 것이 중요하다.

둘째, 동적 고민을 하라. 생각만 하지 말고 행동하면서 고민하라. 실제 경험이 최고의 스승이다.

셋째, 주체적으로 본질을 찾아라. 남의 기준이 아닌 자신의 가치관과 목표에 따라 판단하고 행동하라.

넷째, 감정이 태도가 되게 하지 말라. 일시적인 감정에 휘둘리지 말고, 장기적인 관점에서 생각하고 행동하라.

　앞으로 후배 여러분의 고민이 잘 해소되어 더 가치 있는 곳에 시간을 쓰기를 바라며, 이를 통해 더욱 효과적인 성장이 있기를 항상 응원한다. 무한한 가능성을 가진 후배들의 미래가 밝고 풍요롭기를 진심으로 기원한다.

현) ㈜소통파이브 대표이사-IT/SW, 브랜딩, 창업컨설팅 회사
한국대학창업협회 발기인-대학(원)생 투자&지원협회 예비창업&창업 팀·동아리 등

6부
효과적인 커뮤니케이션 비법

이현서 | 도전과 안정 사이에서 자기 관리를 잘하려면
김성제 | 공직생활에서 소통·창조·균형을 이끈 비결
김연재 | 죽니 사니 해도 다 살아남았다
이상홍 | 꼰대 선배의 라떼 이야기
전병화 | 오늘을 붙잡아라
정운진 | '민주주의 꽃'이라는 선거의 경험
조만현 | 희망이 보약이다

도전과 안정 사이에서
자기 관리를 잘하려면

이현서(식품공학부 21학번)

요즘 휴학 후 시간 관리와 제 성격에 대한 고민이 깊어져 선배님께 조언을 구하고자 합니다.

질문 하나, 휴학 후 시간 관리를 잘하려면?
교환학생 준비를 겸하여 잠시 학업을 쉬어가고 싶다는 생각으로 4학년 1학기까지 마친 후 처음으로 휴학을 결정했습니다. 처음에는 학업과 일상에서 잠시 벗어나, 여유롭게 하고 싶은 일들을 하며 뜻깊은 시간을 보낼 수 있을 것으로 생각했습니다.

그러나 현실은 제 예상과 다르게 흘러갔습니다. 학교에 다닐 때는 정해진 시간표와 함께 규칙적인 생활 속에서 자연스럽게 시간 관리를 할 수 있었습니다. 수업 이외에 운동, 친구들과의 만남, 동아리, 학교 행사, 영어 프로그램, 창업 활동, 경제 세미나 참여 등 제가 좋아하는 일을 하고 도전을 하며 바쁜 일상 속에서 큰 만족감을 느꼈습니다.

기숙사 생활을 하기에 학교에 있을 때는 바쁘게 살고, 본가에 올 때는 휴식을 취하는 습관이 들어서인지 집에 있을 때는 늘 쉬고 싶어 계획한 대로 하기가 더욱 어려워집니다.

휴학 후에는 수업 시간표에 의한 규칙적인 생활과 기숙사라는 공간이 주는 제약이 사라지니 시간이 점점 의미 없이 흘러가는 것 같은 느낌을 받습니다. 계획 없이 하루를 보내는 경우가 생기고, 생활이 불규칙해지며 아침에 늦게 일어나는 일이 빈번해졌습니다.

이렇게 많은 시간을 어떻게 하면 더 효율적이고 의미 있게 보낼 수 있을지, 휴학 기간 동안 생활 습관을 어떻게 유지하고, 시간을 보다 생산적으로 활용할 수 있을지에 대해서 고민이 많습니다.

혹시 선배님들께서도 휴학 중 또는 비교적 여유로운 시간 속에서 비슷한 고민을 경험한 적이 있으신지 궁금합니다. 그러한 경험이 있었다면 시간을 효율적으로 관리하고, 휴학 기간을 의미 있게 보내는 데 도움이 되었던 구체적인 방법이나 팁이 있다면 조언을 부탁드립니다.

질문 둘, 반복적인 일상 속에서 안정감과 만족감을 찾으려면?

저는 새로운 환경에 적응하는 것에 대해 큰 만족감을 느끼며 하루에 많은 일정을 소화한 뒤, 오늘도 많은 것을 했다며 뿌듯한 상태로 잠드는 것을 좋아하는 성격입니다. 학교를 다닐 때 평일엔 보통 3~5개 정도의 일정을 소화하고, 1~2주에 한 번씩은 본가에 가서 휴식을 취하면서 제가 가장 행복할 수 있는 생활을 해왔습니다.

이와 동시에 반복되는 일상에서 쉽게 지루함을 느끼는 경향이 있습니다. 휴학 후 단조롭고 반복적인 일상 속에서 권태감을 느끼고 있으며, 이런 성격이 제게 부정적인 영향을 미치는 듯합니다.

권태감을 극복하고 처음 세웠던 목표를 이루기 위해 최근 기사 자격증을 따기 위해 공부를 시작했습니다. 또한 아르바이트와 역사 공부를 병행하며 시간을 의미 있게 쓰려고 노력하고 있지만, 여전히 반복되는 일상에서 벗어나지 못한 채 지루함을 느끼는 날이 많습니다.

학교에 다닐 때는 새로운 도전과 자극이 가득한 환경에서 행복을 느꼈고, 이를 통해 여러 번의 성장을 경험하며 보람도 많이 느꼈습니다. 새로운 것을 배우고 시도할 때마다 느끼는 즐거움과 성취감은 저에게 큰 동기부여가 되었고, 제 삶에 활력을 불어넣어 주곤 했습니다.

하지만 휴학 후에는 휴식 중에도 자신에게 스트레스를 주고 있다는 느낌을 받습니다. 휴식은 본래 에너지를 충전하고 마음의 여유를 되찾는 시간이 되어야 하는데, 저는 무언가 하지 않으면 불안해지고, 끊임없이 새로운 목표를 세우며 스스로를 압박하고 있는 것 같습니다. 이로 인해 휴식조차 제대로 누리지 못하는 것 같은 기분이 듭니다.

반복되는 일상 속에서도 지루함보다는 안정감을 찾고 싶지만, 그것이 마음처럼 쉽게 이루어지지 않아 답답함을 느끼고 있습니다. 새로운 자극이 없는 환경에서 어떻게 이 성향을 극복할 수 있을지 고민입니다. 물론 이러한 성향 덕분에 성장할 수 있었던 긍정적인 면도 있지만, 한편으로는 행복할 수 있는 순간에서도 자신에게 불필요한 스트레스를 주고 있는 것은 아닌가 하는 걱정도 듭니다.

혹시 자신만의 성격적 특성이나 기질로 인해 스트레스를 받거나 고치고 싶은 부분이 있을 때 이를 극복한 경험이 있으신지 궁금합니다. 특히 사소한 일에서도 스트레스를 받거나 스스로를 압박하는 상황에서 그것을 어떻게 다루셨는지 조언을 듣고 싶습니다. 제 성향을 너무 억누르지 않으면서도 반복적인 일상 속에서 안정감과 만족감을 찾는 방법이 있을지, 선배님의 경험과 지혜를 통해 배움을 얻고 싶습니다.

공직생활에서
소통·창조·균형을 이끈 비결

김성제(경제학과 86학번)

리더 자질이 부족했던 간부 시절

1990년대 공직사회에 처음 임용되었을 때, 직장문화는 하나의 명령으로 일사불란하게 움직이는 수직적 구조와 경직된 분위기였다. 당초에 병무청 신체검사 시 방위 판정을 뒤로한 채 KATUSA 현역병으로 지원해 군 복무를 마치고 IMF 때 소방간부로 인천광역시 '119 구조대장'으로 첫 발령, 임용되어 긴급출동과 현장대응 활동을 했다. 당시에는 모두 젊고 의욕 넘치는 시기였는데 시간이 지나면서 대원들의 불만이 쌓여갔고 단결력이 약해졌다.

구조대원들이 근무 의욕을 잃고 다른 부서로 지원志願해 떠나는 현상을 보며 '교만하고 강퍅해진 나의 마음이 문제였구나'라는 깨달음을 얻었다. 강압적 지시와 업무 효율성만 강조한 리더 아닌 보스로서의 기질을 반성하고, '직원 속으로' 들어가 소통하고 공감하는 인간관계와 조직관리 방식으로 변화했다.

인간관계의 중요성을 인식하고 소통과 공감의 리더십 이론을 바탕으로 아침에 출근하고 싶은 직장 만들기에 노력했다. 그 후 진급해 고급관리자가 되면서 공직사회의 다양한 상황에 대해 의사소통, 경청, 코칭, 설득, 협상, 갈등 해결, 회의 진행 등에 혁신적 아이디어를 실천했다.

어릴 때부터 사람들과 잘 어울리지 못하고 자기중심적 성향이 강했지만, 함께 협업協業으로 일해야 하는 소방직무의 특성 관련해 상대방을 이해하고 구성원들과 좋은 인간관계를 만들기 위해 감성지능을 높이고자 노력했다. 홍익인간의 사상을 깨닫고 내면의 변화 없이는 학교에서 배운 리더십 이론이 무용지물임을 절실히 느꼈다.

공직 내 조직문화는 이론의 문제가 아닌 실제적인 현실의 문제임을 직시하고, 경륜을 쌓아가며 연구 활동과 실무과정을 통해 조금씩 삶의 행동이 변화되어 갔다. 상대편 위주의 집중과 수용적 태도를 갖게 되면서, 이해의 폭이 넓어져 갔다. "아 진짜요?", "그렇군요" 하며 공감하는 것이 관리자로서 기본적인 업무 패턴으로 되었다.

공감과 감정이입으로 항상 상대방의 처지에서 역지사지의 마음으로 응대했다. 경력이 많아지면서 마음의 여유가 생기고, 공직사회의 다양한 상황에 대해 대인관계의 기본으로서 상대방을 배려하며 말하는 의사소통(communication), 공감하고 '마음으로 듣는' 경청의 자세로 변모했다. 그리고 어떤 이슈에 대해 긍정적으로 협상하며, '피할 수 없으니 즐기자'라는 현명하고 적극적인 문제 인식과 강 건너 불구경하지 않는 효과적인 갈등관리 기법을 적용했다.

소통과 공감의 커뮤니케이션 혁신

리더답게 구성원들과 공감을 형성하며 소통, 창조, 균형의 업무 스타일로 혁신했다. 과거 전통적으로 내 사무실에 소집하여 매일 참모 회의를 하던 관행에서 벗어나 이제는 업무 효율성 및 직원 복지 개선의 선봉장이 되어 구성원들이 근무하는 사무실로 직접 나가서 주 1회 차담회 형태로 회의하는 등 변화관리를 실천했다. 인천국제공항 가까이에 있는 정부기관단지에 근무하며 복무 관리에 만전을 기하면서도 직원들의 복지와 생활 편의를 위해 권한 내에서 배려하며 근무했다. 결재의 경우 청사를 순회하며 목표를 설정하고 담당자에게 찾아가서 결재하고 지도하는 형태로 운영했다. 개인 연가 온라인 신청 시 비대면 보고 및 사유 미기재 등 소통·창조·균형으로 행정혁신을 이끌어갔다.

과거와 달리 구성원들이 스스로 해답을 찾을 수 있도록 환경을 조성하고 도와주는 코칭과 티칭을 자연스럽게 생활화했다. 코칭이 끝났을 때 단순한 격려를 넘어 "예정된 기간까지 문제가 해결되지 않으면 나에게 도움을 요청하세요", "업무 중에 막히는 부분이 있으면 언제든 연락 주세요. 내가 적극적으로 나설게요"와 같은 구체적인 지원을 약속했다.

결재 시 관리자의 관점보다는 지원자(supporter)의 분위기로 접근하고, 비언어적 의사소통을 가미해 응대했다. 개인적이고 가정적인 영역의 대화를 통해 대인관계의 친밀도를 높이며 경청하는 가운데 책임감과 신뢰성을 향상시킬 수 있었다. 직원 가족 경조사에 적극 참여하고 관심을 보이며 가족 같은 공동체 의식을 강화했다.

창조혁신과 일 & 삶의 균형 추구

하급 간부에게 단계적으로 권한을 위임하고, ESG 경영에서의 윤리적 리더십을 유지했다. 진행되는 상황을 적극적으로 관리하고 꾸준히 실천하는 사람에게 피드백하며 소통했다. 아리스토텔레스의 설득 3요소(에토스, 파토스, 로고스)를 적용하고, '일과 삶의 균형(work-life balance)'인 워라밸을 중시하며 칭찬과 격려의 조직문화를 정착시켰다.

여직원들의 육아 생활을 배려하고, 직장 내 업무 효율성과 직원 복지 개선을 병행했다. 직장 교육을 영화나 웹드라마 방식으로 운영하여 흥미 위주의 교육 효과를 얻으며 하나 되는 공동체로 변화되도록 유도했다.

과거의 자기중심적인 삶에서 상대방 중심의 삶으로 바뀌면서 보람된 삶의 의미를 깨닫고 세상을 새롭게 바라보게 되었다. 조직문화 개선을 위해 구성원 칭찬은 공개된 장소에서, 꾸중은 혼자 있을 때 하여 체면을 세워주었다.

5년 전 부서장 시절 처음 만났던 신임직원의 경우, 내가 인사발령으로 떠날 때 눈물을 흘리는 모습을 보면서 '어느덧 함께 일하고 싶은 리더'가 되었음을 실감했다. 그런데 이 직원이 나중에 다시 내가 근무하는 부서로 지원해 와서 함께 근무하게 되었던 일화는 리더십 변화의 효과를 증명했다.

과거에는 가족, 친구, 직장동료에게 "사랑한다"는 말을 진정성 없이 남발했지만, 이제는 구성원들에게 먼저 희생하고 손해 보면서도, 남을 나보다 먼저 섬기는 마음에서 그런 말을 사용하며 대하고 있다.

졸저인 소방현장 지휘관으로서의 경험을 담은 체험수필집 《그대는 남을 위해 죽을 수도 있는가》를 통해 자신의 변화를 되돌아보았다. 수많은 화재현장에 긴급출동해 재난수습 지휘를 했고, 2019년 전신마취로 암 수술을 하고 퇴원 직후 바로 출근해 공장 창고 화재를 진압하게 되었다. 이러한 삶의 실천이 인정되어 2023년에 대한민국으로부터 '공무상 재해'로 승인받게 되었다.

노블레스 오블리주 Noblesse Oblige

말뿐만 아니라 실제로 이웃과 직장 구성원들을 사랑하는 방법을 실천하며, 누군가의 길을 비춰주는 건강한 조직문화 조성에 기여하고자 했다. 이를 통해 하루를 살아도 보람되고 의미 있는 삶을 추구했다.

아리스토텔레스의 "인간관계는 행복한 삶의 원천"이라는 말을 되새기며, 과거의 자기중심적 태도를 반성하고 타인중심적인 삶으로 개선하려 노력했다. 다른 사람의 말을 귀담아듣지 않고 자기 말만 하던 습관, 시기와 질투의 마음에서 상대를 비웃는 농담을 하던 버릇 등을 자기직면으로 인식하고 고치려 노력했다.

'나는 구제 불능인가'라고 자문하며 인성과 언행을 바꾸도록 부단히 노력했다. 다른 사람들의 의견에 개방적인 태도를 지니고, 남을 나보다 더 우위優位로 여기며 존중하고 나의 행동에 대한 상대방의 반응을 예상하고 그에 맞춰 행동하려 노력했다.

나의 성향과 맞지 않더라도 시간을 내어 인간관계를 맺고자 노력했고, 먼저 전화해 말을 걸고 찾아가서 인사하는 적극성을 보였다. 조직 내 인간관계와 소통을 위해 남의 얘기에 경청하고 다가가며, 말과 행동이 일치하지 않을 때 비언어적 의사소통의 방법을 통해 개선해 나갔다.

국민안전 인성교육으로 지속가능한 발전(SDGs)을

과거에 ㈔한국ESG학회에서 발표한 〈ESG 경영과 재난안전〉 연구논문을 통해 인간의 지속 가능한 행복을 위해서는 자연환경과 조화롭게 순응하고 사회공동체와 공감하며 나아가야 함을 깨달았다. 아리스토텔레스가 언급한 외적 쾌락을 넘어 선한 삶을 추구하는 '멋진 인생'을 기대하게 되었다.

한 개인의 변화와 노력이 지역사회를 개선시키고 나비효과를 이루어 국가경쟁력을 향상시키며, 수많은 사람에게 감동을 주는 행동으로 나라와 민족을 변화시키는 희망봉이 되고자 했다. 남아프리카의 우분투 정신, "빨리 가려면 혼자 가고, 멀리 가려면 함께 가라"는 말을 되새기며 공동체 사람들 간의 관계와 목표에 중점을 두고 함께 가는 윤리를 실천하고자 했다.

그 옛날 메이플라워호를 타고 떠났던 영국의 청교도인들이 'One Nation Under God' 기치 아래 미합중국을 탄생시킨 것을 우리는 알고 있다. 이에 5천 년 역사의 우리 배달민족이 홍익인간의 정신으로 Korean Dream을 그리며 한반도 통일의 꿈을 키우는 보람된 삶을 소망하며 글을 마무리한다.

현) 수필가, 컬럼니스트, 소방청 인천119특수대응단, 대학교 겸임교수, 공공기관 등 시험 및 면접위원, 안전교육강사

죽니 사니 해도
다 살아남았다

김연재(미술학과 83학번)

　인생의 여정을 60년 넘게 걸어오면서 가장 귀중한 선물로 받은 것은 신앙심이 안겨준 겸허한 자세다. 어촌 바닷가의 남달랐던 가족과 혈육 사이에서 느꼈던 불편하면서도 찡한 존재감은 지금의 나를 만들어준 원동력이 되었다. 그 시절의 경험들이 쌓여 현재의 내가 되었고, 그 과정에서 얻은 교훈들이 삶의 나침반이 되어주었다.

　전도서의 "이 또한 지나가리라"라는 문구는 언제나 나를 일으켜 세우는 채찍이 되었다. 긴 밤을 지새우고 아침에 일어나 숨을 쉴 수 있다는 것, 뛰고 걸으며 느끼는 건강함, 그리고 땀을 흘리며 그림을 그릴 때 전해지는 미묘한 행복감은 삶의 소중한 선물이었다. 이러한 일상의 작은 기쁨들이 모여 삶의 의미를 만들어갔다.

　수십 년간 금쪽같은 내 자식들을 위해 헌신하며, 방황하는 청년과 청소년의 부모 심정으로 살아왔다. 시간이 흐르면서 한 사람, 한 사람 자신의 자리를 찾아갔고, 지금은 그들 모두 아름다운 가정을 이루며 살고 있어 내게는 종합선물세트 같은 귀중한 기억이 되었다. 자식들의 성장과 독립은 부모로서 느낄 수 있는 가장 큰 보람이자 기쁨이었다.

우리가 지금 어른으로 산다는 것은 기적과도 같이 대단한 시간의 주인이 되어 살아가는 것이다. 누구네 집이나 아픔이 있고, 서로 노력하는데도 풀리지 않는 불편한 진실을 떠안고 살아간다. 이는 인생의 보편적인 진리로 우리 모두가 마주하는 현실이다.

바르게 살아 귀감이 되고 싶을수록 부정적인 현실에 부딪히고, 착하게 살고 싶을수록 좌절할 일이 기다리는 것이 인생의 맛이었다. 이러한 역설적인 상황들이 우리를 성장시키고 단단하게 만들어주었다. 그러한 통증을 장애물로 여기면서 건너고 뛰어넘으며 애쓴 그 노력들이 결국 내 인생의 귀중한 자산이 되었다.

상처의 흔적들이 남아있지만, 이렇게 크고 작은 불안요인을 떠안은 우리의 시간은 느리게, 불편하게, 아프게, 천천히 지나가기도 한다. 이는 삶의 자연스러운 과정이며 이를 통해 우리는 더욱 성숙해지고 깊이 있는 인간으로 성장한다.

원하든 원치 않든 트라우마란 것이 우리 일상의 행복한 노선 위에 장애물이 되어 다가온다. 이는 피할 수 없는 삶의 일부분이지만, 이를 어떻게 대처하고 극복하느냐에 따라 우리 삶의 질이 달라진다.

원초적인 본능처럼 피할 겨를도 없이 오는 감정들을 순간순간 이기는 비결이 있다면 나에겐 그것이 심리학 콘서트였고, 수천 장을 그리며 쏟아낸 낙서와 그림 그리고 내 수다와 투정을 하루 종일 다 들어주었던 귀인이었다. 이러한 방법들은 내 마음의 안식처이자 치유의 도구가 되어주었다.

친구 같은 낙서와 그림, 그리고 다각적인 패턴의 근대·현대 심리학은 지친 일상의 사소한 감정 쓰레기를 어떻게 처리해야 할지 방향을 안내해 주거나 과감하게 감정 쓰레기들을 정리 정돈하도록 용기를 주었다. 때로는 속이 시원해지는 해법을 툭 던져주기도 했다. 이러한 과정을 통해 나는 내면의 평화를 찾아갈 수 있었다.

　가족, 부부, 지인과 자녀 사이에 수시로 일어나는 감정 교류에 윤활유를 공유하는 마음으로 멘토 작업에 손을 들었다. 이는 나의 경험을 통해 다른 이들에게 도움을 주고자 하는 마음에서 비롯되었다. 내가 겪은 어려움과 그것을 극복한 방법들이 누군가에게는 희망의 메시지가 될 수 있다고 믿었다.

　감정노동을 줄이는 비결에는 나 자신이 어떤 감정에 반복적으로 휘둘리는지를 점검하고, 그 핵심 감정이 원 가족 가운데 영향을 받은 대상이 누구이며 몇 살 때 이러한 감정을 억압받을 수밖에 없었는지 시간을 거꾸로 돌려 되짚어보는 것도 도움이 되었다. 어린 시절의 상처받은 나를 위로하고, 지금의 나를 있는 그대로 받아들이는 것. 그렇게 우리는 조금씩 감정의 주인이 되어간다. 이는 마치 거친 파도를 타고 항해하는 법을 배우는 것과 같다. 파도를 완전히 잠재울 순 없지만, 그 파도와 함께 살아가는 법을 배우는 것이다. 이러한 자기 성찰의 과정은 나를 더 깊이 이해하고, 나아가 타인을 이해하는 데 큰 도움이 되었다.

　목표점을 향하여 뛰고 달려도 모자라는 분주한 현대인의 일상 가운데 마음까지 아파서야 되겠는가. 우리는 너무나 바쁘게 살아가지만 그 속에서 마음의 평화를 잃지 않는 것이 중요하다. 기쁨, 슬픔, 속상

함을 있는 그대로 받아들이고 그냥 사랑받는 느낌, 즐거운 기분을 더 이상 도둑맞지 않기를 바라며 본인에게 허락받은 재능을 협업하여 성취할 기회를 놓치지 않기를 진심으로 바란다.

나 역시 사랑받는 느낌을 수없이 도둑맞았지만, 심리학 콘서트라 할 만큼 정신분석적, 행동주의적, 현상학적인 안내서를 기본으로 나를 알고 나를 이기자는 마음으로 견디어냈다. 이러한 다양한 접근법들은 나를 더 깊이 이해하고, 내 삶을 더 풍요롭게 만드는 데 큰 도움이 되었다.

마지막으로 내 좌우명이 되어버린 글귀로 마무리하고자 한다. "늘 감사하며 최선을 다하자. 이 또한 지나가리라. 있을 때 잘하자." 이 말들은 삶의 굴곡을 겪으며 얻은 지혜의 결정체로, 어떤 상황에서도 희망을 잃지 않고 전진할 수 있는 힘을 준다. 우리 모두가 이러한 마음가짐으로 삶을 대한다면, 더 풍요롭고 의미 있는 인생을 살아갈 수 있을 것이다.

현) 화가, 김연재연구소 · 엘 소장, 사회복지대학원 외래교수

꼰대 선배의 라떼 이야기

이상홍(전자과 74학번)

국내 최고의 통신회사라고 자부하는 직장에서 무려 30년이란 긴 직장생활을 했다. 그중 연구소 소장, 부원장에 사업본부 본부장과 파워텔 사장을 포함한 임원으로 11년을 보냈다. 지방대인 경북대 학사 출신으로 분에 넘치는 행운을 누렸다. 그래서 후배들에게 한때 롤 모델이라는 소리도 들었고, 내 성공 스토리를 들려달라는 부탁을 많이 받았다. 대학이나 직장의 특강 자리에도 여러 번 섰다.

2018년 경북대 IT대 50주년 기념 행사에 초대받아 후배들을 대상으로 '꽃보다 귀한 IT인이 되기 위한 당부'라는 특강을 통해 '귀한 IT인이 되기 위한 노력, 귀한 나 자신 확인하기, 그리고 귀한 나 자신 지키기'란 주제로 대구 촌놈이 서울에 올라와 직장에서 자리 잡아간 경험을 들려준 적이 있다.

얼마 전에는 이승도 회장이 후배들의 꿈을 응원하는 선배들의 이야기라는 의미에서 기획한 도서에 참여했다. 《인생의 성공법칙》이란 책이다. 〈감잎 닮은 복현인들의 비상을 기대하며〉라는 글을 실으며 꾸준함, 우직함 그리고 따뜻한 감잎의 감성을 익히라고 코치를 했다.

하지만 이제 세월이 흘렀고 환경도 많이 바뀌었다. 체력은 살짝 떨어져도 인지력이나 문제해결 능력이 젊은 친구들에게 밀리지 않는다고 믿고 살았지만, 그건 나만의 오기일 뿐이다. 작년에 직장에서의 내 경험과 열정의 가치를 기억하는 교수의 권유로 했던 대학생 대상 특강을 마치고 정확하게 깨달았다. 내 경험과 내 이야기가 이제는 꼰대가 하는 라떼의 이야기라는 것을….

꽃중년이라 말로 포장하지만 이미 70이나 된 내 나이가 20대 중반인 대학생들 눈에는 불편하게 보였을 것이고, 내 이야기가 먼 달나라의 이야기로 들렸을 수도 있다. 거꾸로 내가 50년 전에 같은 경험을 했더라면 어떠했을까 생각해 보면 특별한 감흥이나 표정 변화 없는 그들의 반응은 너무나 당연하다.

한번 시작한 직장을 끝까지 지켜가는 게 미덕이고, 일과 후의 약속이나 가족 행사도 회사의 업무나 상사의 갑작스런 지시를 앞설 수 없었던 라떼 시절이었고, 그 시절에 통했던 성공 스토리는 꼰대의 썰에 불과할 뿐이다. 지금의 직장은 자신의 가치를 키워가는 하나의 과정일 뿐이다. 그것은 틀린 게 아니고 다른 것이다.

나는 소위 50년대 베이비붐 시대에 태어났고, 끼니를 거르진 않았지만 여전히 먹고 싶은 게 많았던 산업화 시대를 살아온 세대이다. 민주화를 혼자 다 했다고 우기는 386세대를 훌쩍 넘고, 다시 X세대와 Z세대를 넘어서 MZ라는 세대가 주인이 될 세상이다. 대학을 졸업하면 취업 걱정은 크지 않았던 그 시절과는 달리, 지금의 MZ세대는 전혀 다른 환경 속에서 또 다른 고민을 안고 살아간다. 신세대에겐 그들에 맞는 지혜가 필요하고 전과는 다른 코칭이 적당하다.

YOLO, Flex 그리고 워라벨에서 새로운 삶의 의미를 찾고 스스로 자신의 가치를 키우며 하루하루가 달라지는 세상에 적응하며 살아가야 하는 세상이다. 그래서 내가 한 라떼의 경험을 정리하다가 의미가 없겠다 싶어 글쓰기를 포기했고, 열정이 넘치는 승도 후배의 독촉도 모른척하고 있었다.

그러던 중에 후배들에게 하고 싶은 엉뚱한 이야기가 하나 생겨서 다시 펜을 들었다.

손으로 밀거나 당겨야 열리는 출입문이 있다. 요즘은 사람을 센싱하여 자동으로 여닫히거나 회전하는 문이 대부분이긴 하지만, 지하철이나 회사 또는 백화점에 출입하다 보면 이런 미닫이 출입문을 가끔 만나게 된다. 나이가 든 탓인지, 자동문에 익숙해서인지 생각보다 이 미닫이문을 여닫는 데는 힘이 든다. 내가 부탁하고 싶은 것은 미닫이문을 통과할 때 밀고 내 몸만 바쁘게 빠져 나가지 말고 문을 잡고 한 번만 뒤를 돌아보라는 것이다. 혹시 바로 뒤에 오는 사람이 있으면 웃는 얼굴로 열린 문을 잡고 인계하면 어떨까 하는 부탁이다.

가끔 이런 배려심 있는 젊은이를 만나면 고맙기 그지없다. 아주 작은 친절이지만 상대방에게 주는 인상은 그 이상이다. 또 앞만 보고 살아가야 하는 바쁜 일상에 뒤를 돌아보며 잠깐의 여유를 가져보는 것은 본인에게도 의미 있는 일이다. 나 외에 세상에는 무관심한 것이 당연한 세상에 이런 배려와 여유를 가질 수 있는 사람은 어떤 변화하는 환경에서도 사랑받고 성공하지 않을까?

앞만 보지 말고 옆을 보는 배려, 그리고 아주 가끔은 뒤도 돌아보는 여유를 주문하면서 이 또한 꼰대의 잔소리가 될까 염려스럽다.

현) 단국대학교 석좌교수, 수필가, 여행작가
전) 정보통신기획평가원(IITP) 원장, KT 연구소장, 부원장, 파워텔 대표이사

오늘을 붙잡아라

전병화(회계학과 84학번)

건강과 실력 그리고 관계성. 이 세 가지는 우리 인생의 핵심을 이루는 요소들이다. 우리는 이들을 통해 희망을 향한 속삭임을 듣는다.

건강은 우리의 근간이다. 나는 아홉 번의 죽을 고비를 넘겼다. 구사일생이라 할 만한 경험들이었다. 어릴 적 연탄가스와 교통사고, 낙상 사고, 익사 사고 등 위기의 순간들이 주마등처럼 스쳐 지나간다. 가장 최근에는 2020년 가을, 코로나19로 인해 큰 위기를 맞았다. 어느 기업 대표와의 점심 식사 후 무증상으로 시작된 두통이 악화되어 결국 그분은 한 달 만에 세상을 떠나셨고, 나는 갑자기 쓰러져 구급차에 실려갔다. 고혈압 기저질환자로 대학병원 중환자실에서 몇 개월간 입원했다. 폐에 코로나균이 80% 이상 가득 차 주치의마저 포기한 상태에서 기적적으로 살아났다.

이런 경험을 통해 나는 건강의 중요성을 뼈저리게 깨달았다. 인생의 행복과 일의 보람 그리고 희망찬 내일을 여는 열쇠인 것이다. 건강을 지키는 비결은 꾸준함에 있다. 매일 꾸준한 반복행동이 중요하다. 매일 아침 일어나면 곧바로 맨손체조를 한다. 주기적으로 빠른 걷기운동과 탁구를 치며 재미있는 취미생활을 즐긴다. 맨손체조 자체는 재미 없을 수 있다. 하지만 맨손체조 후에 손바닥 위에서 접시 돌리기, 플랭크 운동 등을 응용하면 새로운 흥미가 생긴다. 이것이 바로 내가 말하는 '3미'—재미, 흥미, 의미다. 우리는 3미를 물으면 선뜻 말하지 못한다. 관심 있는 일에 재미가 없다면 의욕이 떨어지고, 흥미가 나지 않으면 신바람이 생기지 않아 매사 재미가 없다. 하지만 이 세 가지가 조화를 이루면 우리의 삶은 더욱 풍요로워진다.

실력은 우리의 미래를 좌우한다. 초등학교에서 대학원까지 학창시절 20년을 빼고, 30세에 시작한 직장생활은 30여 년을 훌쩍 넘긴 현 상황에서 뒤돌아보면 정신없이 흐른 세월이었다. 그중에서도 대학 캠퍼스만큼 중요했던 시기는 없었다. 사랑과 우정, 동아리 활동으로 많은 경험을 한 대학생활이 무척 인상적으로 남아있다.

봉사 동아리로 '지역사회 봉사, 지도력 배양, 국제이해 증진'이라는 캐치프레이즈 아래 다양한 활동을 했다. 앞산 휴지 줍기와 고아원과 양로원 방문, 여름 봉사활동이 있었고, 어학 공부 모임과 다양한 음악 재능 개발 및 일본과 동남아시아 지역 등 국제 교류 활동이 어느새 자기계발의 중심에 있었다.

국가고시 수기를 담은 《다시 태어나도 이 길을》이라는 책을 통해 CPA 준비와 연계하여 전공 공부를 예습하는 효과가 있었다. 이를 통해 재미, 흥미, 의미가 더해지는 일들이 생겼다. 대학원 시절 전공 교수님이 "대학원 2년은 향후 20년을 좌우한다"고 하신 말씀이 실감났다. 중앙도서관 새벽 줄서기와 밤늦도록 공부하기, 전산실에서 밤새 워가며 프로그램과 씨름하여 터득한 열정적 밤샘 효과는 직장생활에서 30년 그 이상을 좌우하는 터닝포인트 역할을 했다.

첫 직장생활에서 학창 시절 갈고닦은 실력으로 통계처리 전문가로 인정받았다. 우리나라 상장기업 700여 개를 평가하여 전체 순위와 업종 순위 등 한국 기업의 사회적 성과평가(CSR)를 하고, 세종문화회관 또는 프레스센터에서 시상식과 언론 방송 보도에 수년을 보냈다. 법인기업의 재무적·사회적 성과평가 및 윤리경영에 이르기까지 전문성을 발휘할 수 있었다.

마지막으로 관계성은 우리 삶을 풍요롭게 만든다. 직장생활을 하다 보면 일의 우선순위가 있다. 급한 일과 중요한 일이 있고, 그 체크리스트를 매일 완수하면 성취감을 느끼게 된다. 일은 의사결정의 연속이라 해도 과언이 아니다.

대학 선배님이 들려주신 말씀 중에 공감한 것이 있다. "직장생활 처음에는 개미처럼 열심히 일하는 것이 매력적이라면, 점점 승진하여 갈수록 거미처럼 일할 필요가 있다"라고 하셨다. 네트워크를 강조하는 말이다. 큰 귀감이 되었다. 실력 그 이상으로 사회 관계망과 인간성 평가가 중요해지는 사회에 나중에는 일만 해서는 안 되는 때가 있다는 것을 깨달았다.

중국어에 관계를 뜻하는 '꽌시关系'라는 말이 있는데, 폐쇄적인 사회주의 사회에서 관계는 더욱 중요하다고 한다. 개미처럼 일만 하다가 거미처럼 미로 같은 관계를 갖추지 않는다면 고립되어 인정받지 못하고 결국 도태될 것이다.

과거보다 현재가 중요하다. 미래를 위해 오늘을 충실하게 보내라고 전하고 싶다. 먼저 건강을 생각하고, 실력을 키우며, 관계성을 중시하라고 조언하고 싶다. 무엇이든 내일로 미루지 말고, 오늘 당장 하는 습관이 필요하다. 행동하면 그 절반은 이루어진 것이다. "혼자 꾸는 꿈은 단지 꿈에 불과하지만, 함께 꾸는 꿈은 현실이 된다"라는 말처럼 선후배가 힘을 합쳐 삶에 미쳐보자.

현) 희망경제정책연구소 소장, 전) 경제정의연구소 기업연구실장, 방송통신심의위원회 심의부장, 가천대학교 헬스케어경영학과 교수

'민주주의 꽃'이라는 선거의 경험

정운진(경영대학원, 98학번)

우리의 인생이 길다면 길고 짧다면 짧은 각자의 삶을 살면서 수많은 경험들을 한다. 성공이나 실패의 경험을 하는데, 성공의 경험은 당시에는 더할 나위 없이 좋지만, 실패할 경우 그 충격으로 다양한 후유증을 겪는다. 조금만 지나면 별거 아니라는 것을 알게 되며, 오히려 강력한 회복탄력성으로 작용하기도 한다.

성공에 대한 건 접어두고 실패에 대한 명언 중에서 실패해도 좌절하지 말고 끝까지 최선을 다하라는 뜻에서 "실패는 성공의 어머니다"라는 말이 있다. 이 명언은 바로 발명왕으로 유명한 토머스 에디슨의 말이다. 실패를 거울삼고, 그 실패를 딛고 일어서려고 하면 결국에는 성공하게 된다는 의미다. 그래서 경험은 성공이든 실패든 다양하게 경험하면 할수록 좋다고 생각한다.

선거에서 피선거권을 가지고 출마하는 것은 누구나 할 수 있지만, 실제로는 아무나 하지 못한다. 그런데 최근의 선거 양상을 보면 매우 이상하다. 전문성이 필요한 큰 자리에 부적절한 사람들이 너무 많이 있다. 이는 매우 우려되는 현상이다. 조직이 작거나 친목동호회 같이 웃고 즐기기 위한 모임에서의 회장 선거는 적당히 이해한다고 하더라도, 조직의 규모가 꽤 크거나 반드시 전문성과 역량이 있어야 하는 큰 자리에 자격이 없는 사람, 아니 해서는 안 되는 사람들이 너무 많이 포진하고 있다는 데 문제가 있다. 50~60년대 후진국도 아니고, 자격 미달의 사람들이 수장이 되면 결국은 그 조직에 속한 구성원들이 스스로 자기 코를 찌르는 격이다. 소위 자가당착自家撞着을 하는 것이다. 그런데도 이러한 현상은 날이 갈수록 점점 더 확대되고 있다.

나는 농촌 출신으로 대학에서 농업을 공부하고 축협에서 20년쯤 일하고 있을 때, 농·축협의 합병으로 명예퇴직을 하고 박사 과정을 했다. 대학에서 농업과 경영학을 가르쳤으며, 농협의 전문경영인인 상임이사를 3번 역임했다. 이어서 농·축협의 조합장과 중앙회장도 하고 싶었지만, 현실적으로 선거에 필요한 자금 문제와 근본적인 돈과 양심의 문제 때문에 거리를 두었다.

시간이 흘러 제25대 농협중앙회 회장 선거가 시작되었다는 소식을 들었다. 이번 농협중앙회장 선거가 간선이 아닌 직선제라는 정보를 들었다. 그동안 중앙회장 선거의 큰 틀과 역대 중앙회장들의 의식과 수준부터 내밀한 속사정까지 파악해 왔기 때문에 얼마든지 자신만만했다. 하지만 후보자 예비등록 접수가 2023년 12월 13일에 이미 시작된 상황이었다.

급하게 준비해 하루 만에 서류를 작성했지만, 농협중앙회 본사에서 서류 검토 기간이 3일이라고 하여 당일 접수를 못 하고, 어쩔 수 없이 서울을 두 번이나 오가며 겨우 12월 19일 중앙선거관리위원회에 예비등록을 마쳤다.

25대 중앙회장 선거 유권자인 전국의 조합장 1,111명 중 50명 이상의 '후보자 추천서'를 다른 후보와 중복 없이 받아 2024년 1월 10~11일 본 등록 기간에 제출해야 했다. 그런데 추천서와 유권자인 조합장들의 정보를 요청하니 제공할 수 없고 열람 기간에 열람만 가능하다고 했다. 그러면 당장에 어떻게 선거운동을 하느냐고 물으니 "알아서 하라"는 답변에 어이가 없었다.

그래서 냉철하게 생각하니 항의하거나 잘잘못을 따질 시간마저도 아까워서 급조한 계획과 일정을 세워서 전국을 종횡무진 누비며 추천서를 모았다. 그런데 직원으로부터 1월 10일 오전 9시 전 접수자들만으로 기호 추첨을 하고, 그 후는 따로 추첨한다는 연락을 받았다. 이것은 말도 안 되는 규정이었다. 2일간 접수 후 추첨을 해야 하는 것 아니냐며 항의했지만 농협 규정이라며 바꿀 수 없다고 했다.

중앙선거관리위원회에서 진행하는데도 이런 불합리한 규정을 따르는 것에 항의했지만 위탁 선거라 농협 규정을 따를 뿐이며, 농협 규정의 합리성에 대한 여부는 관여할 수 없다고 했다.

추천서를 다 모으지 못해 11일 마감 시간에야 접수했는데, 다른 후보들은 이미 10일 오전 9시 전에 도착해 기호 추첨을 마쳤다고 했다. 더욱이 가져간 추천서 중 이미 접수된 조합장의 추천서는 무효 처리되어 50장이 되지 않았고, 그로 인해 본 등록 접수조차 할 수 없었다.

그 현장에 신문 기자들도 여러 명이 취재하고 있었지만 농협 관련 신문 기자들만 있어 도움을 받지 못했으며, 다른 언론사에 연락해 자료를 보냈다. 법적 대응도 고려했지만 선거 일정상 시간이 너무 짧아 소용없다고 했다.

민주주의의 꽃인 선거, 선거의 정점인 중앙선거관리위원회가 이렇게 엉망진창인 것을 보고 너무나도 큰 실망감과 함께 민주주의 학교라는 협동조합의 정점인 중앙회장의 선거에 대한 허탈함을 느꼈다. 그래서 당장에 법적인 방법(선거 절차의 중대한 하자에 의한 선거중지가처분 신청 등)으로라도 대응하기 위해 법률 전문가들과 협의하고 싶었지만, "모든 일의 잘잘못은 내게서 찾아야 한다"라고 했던 성현들의 충고를 거울삼아 나 자신을 다시 한번 되돌아보는 계기로 삼았다.

이번 실패로 많은 에너지를 소모하고 농협중앙회장 선거관리위원회에 대해 크게 실망했지만, 나 자신을 위로하고 용기를 더욱더 키우기로 했다. 사나이답게 시원한 사이다 같은 마음으로 며칠 만에 실패를 훌훌 털어냈다. 시간이 지날수록 '그래도'라는 섬에 가서 자신을 달래니 또 다른 새롭고 강인한 용기가 생겼다. 이를 통해 회복탄력성이 확실히 좋아지는 것을 느꼈다.

작은 실패가 전체의 실패가 될 수 없고, 오히려 대나무의 마디처럼 단단해지는 계기가 된다는 것을 실감했다. 실패를 두려워하지 말고, 실패하더라도 '그래도'라는 섬에서 잠시 쉬면 모든 것이 해결된다는 점을 기억해야 한다.

누구라도, 그 어떤 일이라도 명분이 있다면 정정당당하고 과감하게 도전할 것을 권한다. 똑같은 기회는 두 번 다시 오지 않는다는 점을 강조하고 싶다. 인생의 부분적 실패가 전체의 실패가 아니라는 사실을 꼭 명심해야 한다. 도전은 언제나 살아있음을 느끼게 하고 자신감을 키우는 강력한 무기다.

실패가 두려워 망설이다 후회하는 사람이 되지 말고, 언제나 사회와 국가, 이 지구촌을 위한 일에 과감하게 도전하는 공도사상, 홍익의 정신으로 충만하길 바란다. 준비된 삶을 살아 후회 없는 멋진 인생을 살기를 희망한다.

미국인 클라크의 말처럼 돈이나 이기적인 성취, 덧없는 명성이 아닌 인간이 갖추어야 할 모든 것을 얻기 위해 야망을 가져야 한다. 물질적 유혹에 굴복하기보다는 자신의 욕망과 사회의 유혹에 맞서 과거보다 나은 삶을 살기 위해 늘 자신의 내적인 성장과 성찰을 위해 수양해야 할 것이다.

헬렌 켈러가 말한 '삶은 과감한 모험이거나 아니면 아무것도 아니다'라는 구절과 '최고의 선은 물과 같다'는 상선약수上善若水의 말처럼, 우리는 삶을 의미 있게 승화시키려는 노력을 멈추지 말아야 한다. 자신만의 고유한 사명을 발견하고 그것에 헌신하는 것은 우리에게 주어진 도전이자 기회이다. 이를 평생의 과업으로 삼아 실천하며 즐기는 과정에서 진정한 행복을 발견할 수 있다. 도전은 아름답다. 즐겁게, 그리고 할 수 있는 한 많이 도전하자.

현) 농업회사법인 우주(주) 대표이사, 경북대 경제학 박사, 청도군귀농귀촌지원센터 및 청도농협귀농귀촌교육 강사

희망이 보약이다

조만현(사학과 82학번)

1997년은 대한민국 국민들에게 아픈 기억으로 남아있다. IMF 경제위기로 인해 수많은 기업이 부도와 경영 위기에 직면했고, 대량 해고와 경기 악화로 국민 모두가 큰 어려움을 겪었다. 이 시기는 국가 경제의 큰 전환점이었으며, 많은 이들에게 새로운 도전의 계기가 되기도 했다.

당시 나는 1군 종합건설사인 화성산업 용지팀과 대동주택 개발팀에서 약 10년간 근무하며 아파트 사업의 전 과정을 총괄 관리하는 PM(project manegement) 업무의 실무 책임자로 일하고 있었다. 사업 개발 즉 사업용지 매입, 설계, 인허가, 준공, 입주에 이르기까지 아파트 사업의 A부터 Z까지 담당했다. 그러나 IMF 경제위기가 닥치면서 건설업계는 큰 타격을 입었고, 건설 근로자의 30%가 일자리를 잃는 등 업계 전반이 휘청거렸다. 뉴스에서는 연일 회사의 부도와 그로 인한 피해 사례가 보도되었고, 미래에 대한 불안감이 사회 전반을 뒤덮었다.

그러나 나는 이 위기를 새로운 기회로 삼고자 했다. 아파트 건설회사에서 오랜 기간 일하며 쌓은 경험과 지식을 바탕으로, 현실에서 새로운 비즈니스 모델을 실행해 볼 기회라고 생각했다. 특히 실직한 동료와 후배들에게 다시 일할 수 있는 기반을 마련해 주고 싶었다. 이러한 생각을 바탕으로 공동주택 입주관리업무에 관한 사업계획을 구상하고, 시장조사와 비즈니스 모델과 수익 및 자금 조달 등 사업 타당성을 검토하던 중 근로복지공단에서 시행하는 퇴직 근로자 대상 창업지원 사업공모에 응모하고 채택되면서 창업의 꿈을 실현할 수 있었다.

창업 초기 3년은 매우 힘든 시기였다. 직원들의 월급과 세금을 제때 지불하기 위해 매달 월급일과 세금 납부일이 다가오면 여기저기 돈을 빌리러 다녀야 했다. 이때 나 자신에게 끊임없이 되뇐 생활신조가 있었다. "희망이 보약이다"라는 말이었다. 이 신념을 바탕으로 어려움을 극복해 나갔다.

우리 회사가 시작한 비즈니스 모델은 부도난 건설회사를 대신해 준공 검사부터 입주 후 1년까지의 사후 관리를 종합 대행하는 CM(건설사업관리) 업무였다. 신규 아파트 입주 초기에 발생하는 하자 민원을 효율적으로 관리하기 위해 관리사무소, 본사, 시공사(보증기관)를 연결하는 네트워크 시스템을 구축했다. 홈페이지에 "무엇이든 물어보세요" Q&A 창을 개설하여 입주민과의 소통 창구를 마련했으며, 공용부와 세대별 하자를 명확히 구분하여 관리하고 처리 현황을 실시간으로 공유했다.

특히 1년 미만의 의무하자보증 대상 민원을 우선적으로 처리하는 체계를 확립했고, 관리사무소의 1:1 맞춤 서비스를 통해 입주민의 불편사항을 직접 청취하고 해결했다. 또한 설계도서, 시방서, 하자보증서와 본사의 불만족처리규정, 기동서비스를 연계한 다중서비스 매뉴얼을 구축하여 체계적인 하자관리를 실현했다.

이런 특화된 하자관리 시스템은 당사가 국내 최초로 특허 등록한 종합주거서비스 브랜드 '세이버스Saveus'의 핵심 서비스로 자리 잡았으며, 이를 통해 당사는 공동주택관리 전문기업으로 성장할 수 있었다.

이러한 노력의 결실로, 25년이 지난 지금 동우씨엠(주)은 프롭테크 연구소를 중심으로 건설엔지니어링, CM(건설사업 관리, 안전진단 전문기관, 공동주택, 건축물 관리) 주택건설 브랜드 '더뉴크래스'(특허청 상표 등록, 산업자원부, 굿디자인 선정), 종합건설, 전기공사, 직무고시, 소방, 조경, 메인터넌스, 주거서비스 플랫폼 등 다양한 분야의 신성장 동력을 보유한 중견기업으로 성장했다.

현재 동우씨엠그룹은 대구에 본사를 둔 종합주거서비스그룹 동우씨엠(주)을 비롯 (주)동우종합건설, (주)동우씨엠건설, 세명이앤씨(주)와 서울에 본사를 둔 (주)동우라이프산업, (주)하이엠알오 등 여러 계열사와 부설 평생교육원, 취업지원센터, 기업부설 연구소, 영천연수원 등 다양한 부설기관을 보유한 기업으로 성장하고 있다.

이러한 성장 과정을 돌이켜보며, 나는 성공의 핵심 요소들이 무엇일까? 질문하고 답해 본다. 우선 어려운 환경 속에서도 성공을 이루기 위해서는 자신의 성장 과정을 끊임없이 관찰하고 분석해야 한다. 다음으로 이를 바탕으로 자신에게 맞는 명확한 목표를 설정해야 한다. 그리고 강인한 승부 근성과 지구력, 오기, 집중력을 바탕으로 꾸준히 실천하는 것이 중요하다.

기업의 CEO가 되면서 나는 직원의 입장에서 보는 것과는 다른, 더욱 다양하고 복잡한 경영의 측면들을 알게 되었다. 이러한 경험을 바탕으로, 취업을 준비하는 후배들에게 몇 가지 조언을 전하고 싶다.

첫째, 자신과의 진솔한 대화가 필요하다. 현재의 생활과 과거의 경험을 돌이켜보며 자신의 꿈과 비전에 대해 끊임없이 질문해야 한다. 무엇을 잘했는지, 어떤 일을 할 때 가장 집중하고 즐거워했는지 자기 자신을 파악하는 것이 중요하다. 이를 통해 자신에게 가장 잘 맞는 직업, 과함도 부족하지도 않은 스스로의 자리를 찾을 수 있게 되는 것이다.

둘째, 명확한 목표와 방향성을 설정해야 한다. 취업 준비가 막막하게 느껴지는 이유는 다양한 직업과 직무 중에서 자신에게 맞는 것을 선택하기 어렵기 때문이다. 마치 모르는 길을 걷다가 갈림길에 서서 선택해야 하는 것과 같다. "순간의 선택이 10년을 결정한다"는 말처럼, 신중하게 결정하고 그에 따른 의무감을 가져야 한다.

셋째, 구직의 범위를 넓게 보아야 한다. 국내 기업에만 국한하지 않고 해외 기업도 고려해 보는 것이 좋다. 요즘은 개인의 능력과 경험을 쌓을 방법이 다양하므로, 자신만의 강점과 스펙을 잘 준비하고 다양한 구직 플랫폼을 활용해 기회 요인을 확장하고 자신에게 최적의 선택을 할 수 있어야 한다.

취업 후에도 중요한 것이 있다 스스로를 믿을 수 있는 준비된 자세다. 일할 기회가 주어졌을 때 즉시 능력을 인정받을 수 있도록 체질화

된 몸을 만들어야 하는 것이다. 이를 위해 강조하고 싶은 것은 기본에 충실한 자세다. 또 지치지 않는 끈기와 인내력 끝까지 해보겠다는 집념과 결코 쉬운 일은 없다는 현실적인 인식이 필요하다.

　마지막으로, 실패를 두려워하지 말아야 한다. 넘어지더라도 다시 일어나 목표를 향해 나아가는 강한 실천력이 필요하다. 이러한 자세야말로 여러분의 사회생활에 큰 도움이 될 것이라 확신한다. 어려움 속에서도 희망을 잃지 않고 꾸준히 노력한다면, 반드시 성공의 길을 찾을 수 있을 것이다.

현) 동우씨엠그룹 대표이사회장, 부동산학 박사, 한국주택관리협회 회장, 대구상공회의소 상공의원, 전) 한국경영혁신중소기업협회 대구경북연합회장, 대구대 행정대학 부동산학과 겸임교수

후회 없는 20대를 위한 선배들의 조언
하고 싶은 건 다 해봐라

초판 1쇄 발행 2025년 1월 10일

지은이 이승도 외 45인
펴낸이 정선모
디자인 유정인

펴낸곳 도서출판 SUN
출판등록 제25100-2016-000022호
주 소 서울시 노원구 덕릉로 94길 21. 205-102
mobile 010. 5213. 0476
e-mail 44jsm@hanmail.net

ISBN 979-11-88270-88-0(03190)
값 15,000원

- 저작권자 ⓒ이승도 2025
- 잘못된 책은 바꿔드립니다.
- 이 책의 전부 또는 일부 내용을 재사용하려면 사전에 저작권자와 도서출판 SUN의 동의를 받아야 합니다.